虐待被害者という勿《なか》れ

虐待サバイバーという生き方

ドクターファンタスティポ★
嶋守さやか・著
田中ハル・写真

新評論

この本は実話に基づいた、虐待を受けて育った人たちの、その後のお話です。

つまり、「虐待サバイバー」のお話です。

悲しい気持ち、痛い言葉、驚くような表現。冗談を言いながら笑って語りあった時間、幸福感についても、私が聴いたままに記しました。「これからを生きていく」未来にも、「いま、生きているここ」にも希望があることを書きました。

心配なのは、抱える傷がまだ痛いために、フラッシュバックが起きてしまうという現実です。この本を読んで苦しくなってしまったら、必要に応じて医師や専門家に相談するなど、ご自身の判断によって適切な対応をお願いします。

涙がこぼれないように「上を向いて歩く」のではなく、これからも、自分は生きていってもいいのだと、「前を向いて、歩いていける」ことが信じられますように。

はじめに――「虐待サバイバー写真展」、田中ハルのこと

もし、自分が申し出れば誰かの夢が叶うとわかったら、どれだけの人が名乗りを上げるだろう。さらに、それが魅力的なプロジェクトならば一体何が変わるのだろうか。

クラウドファンディングという手段がある。本書で取り上げた「虐待サバイバー」、そして写真家・田中ハルの「虐待サバイバー写真展」を私が知ったのは、田中ハルが写真集出版のためのクラウドファンディングに失敗したときだった。

初めて田中ハルの存在を知ったのは、二〇二〇年一一月、「コロナ禍[1]」と言われていたころである。東京・世田谷区にある就労継続支援B型事業所の「ハーモニー」は、毎週水曜日に対面で行っていたメンバーたちのミーティングをオンラインに切り替えていた。そのとき私は、子宮がんの抗がん剤治療を受けており、自宅療養をしていた。

寂しさを紛らわせようと参加したその日のミーティングに、田中ハルがいた。クラウドファンディングに「嶋守さんも寄付をお願いしますよ」と、施設長の新澤克憲さんに田中ハルを紹介さ

（1）　〒154-0017　東京都世田谷区世田谷3丁目4－1 アップビル　電話：03-5477-3225

れた。しかし、そのときの私は抗がん剤の副作用で寝たきりで、なかなか外出できるような状態ではなかった。

クラウドファンディングの期間はあと一週間で終了する、と聞いていた。銀行にも郵便局にも行けずに、一週間が過ぎてしまった。ほどなくして、田中ハルの「虐待サバイバー写真集出版のためのクラウドファンディングは失敗に終わった」と聞かされた。

田中ハルの夢の実現にまったく協力できなかったことを申し訳なく思った私は、そのあと、田中ハルのホームページを開いた。(2) プロフィールには、「一九七六年生まれ、東京で活動する写真家。ADHD、統合失調症、心臓疾患、部分てんかんなどの障がいがある」と書かれていた。

田中ハル自身、幼少期より母親からの虐待を受けて育ったという。就職を機に家を出て、その後に出逢ったパートナーに、自分が受けていたものが虐待であると気づかされた。そこから田中ハルは、虐待に興味をもつことになった。そして、二〇一八年にWeb上において「虐待サバイバー写真展」を企画している。

企画立案の出発点は、フリーライターの今一生《こんいっしょう》が著した『日本一醜い親への手紙——そんな親なら捨てちゃえば?』(dZERO、二〇一七年)であった。この本を読んだ田中ハルは、今に対して「虐待サバイバーとして、自分に何ができますか?」というメールを送った。その返信には「写真を撮ってみたら?」と書かれており、それが田中ハルを奮い立たせることになった。そのときのことを、田中ハルは次のように語っている。

「どうすれば虐待サバイバーたちが前を向いて歩いていけるのかを考えて文章を書き、手をつなぐポーズを考え、企画に肉づけをしていったんです」

ホームページにおける「虐待サバイバー写真展」の被写体募集に次のような言葉が掲載されている。田中ハルの思いがそこにあふれている。

今、子ども時代の傷を抱えながら人生ハードモードで生きている虐待サバイバーに向けて自分ができること。それは「虐待サバイバーの写真を撮って、サバイバーの方には、その写真を見ることによって『生きている』ことを実感してほしい」という思いでした。（中略）目は見えても、自分を客観的に見る機会ってあまりないと思います。そんな自分を別の目から見ることで気がつくこと、発見があると思います。辛いことを経験した上での「今この瞬間」を見たいし、見ていただきたいです。

本題です。

「虐待を受けて育ったけれど、今、生きている。その証としての写真」を撮らせてください。

（2）田中ハル「虐待サバイバー写真展」https://kojikoji.themedia.jp

「虐待サバイバー写真展」には一六人の被写体が集まった。田中の取り組みはNHK、『AERA』、日本経済新聞にも取り上げられた。(3) 会場を設けての写真展開催のための資金は、Web上での寄付の呼びかけで無事に集まり、二つの会場での開催に至ったという。

「今、生きている」ことを実感してほしい、かぁ。田中ハルの文章を読んだそのころの私は、「抗がん剤をしなければ五年、抗がん剤をしても八年間で死ぬ確率が五〇パーセント」と医師に宣告されていた。恐怖におののいて何もしないでいるよりは……と、拙著『私、子宮がんやめました抗がん剤、やってどうなる?』(新評論)を私は書き上げた。出版に向けての準備がてら、私は田中ハルにメールを送った。

――著者近影写真を撮ってくれますか? 寄付できなかったので撮影料を払います。

私の依頼を田中ハルは快諾してくれた。撮影の日、抗がん剤で抜け落ちた毛が生え替わったばかりの私をファインダー越しに見て、田中ハルが「キレイですね」と言った。

「こんな年になってそんなふうに言ってもらえて、がんになってよかった気がしてきたよ」と言うと、「ボクは、キレイだなって思うからシャッターを押すんです」と田中ハルが返してきた。そして、次のように言葉を続けた。

「虐待サバイバーさんたちも、キレイだなって思ったから写真にしたんです」

私は、田中ハルのこの言葉が気に入った。

しばらく考えたのち、虐待サバイバーの写真集が出版されるという田中ハルの夢を何とか叶えることができないものかと考えるようになった。そして、田中ハルに、「虐待サバイバー写真展」の写真に私がモデルさんたちの言葉をつけて本にしようと提案すると、田中ハルが泣いた……美しかった。

その後、田中ハルは撮影したモデルさんたち一人ひとりに連絡をし、私のインタビューを受けてくれる人を探した。最終的に「私と対面で、今と虐待を語ることがで

(3)　NHK大阪放送局ブログ「サバイバー撮るカメラマン」二〇一八年一二月七日。澤田晃宏（二〇一九）「両親へ。できるなら惨殺したい……虐待被害者の声を集めた深刻事情」AERA、https://dot.asahi.com/aera/2019012500065.html?page=1など。

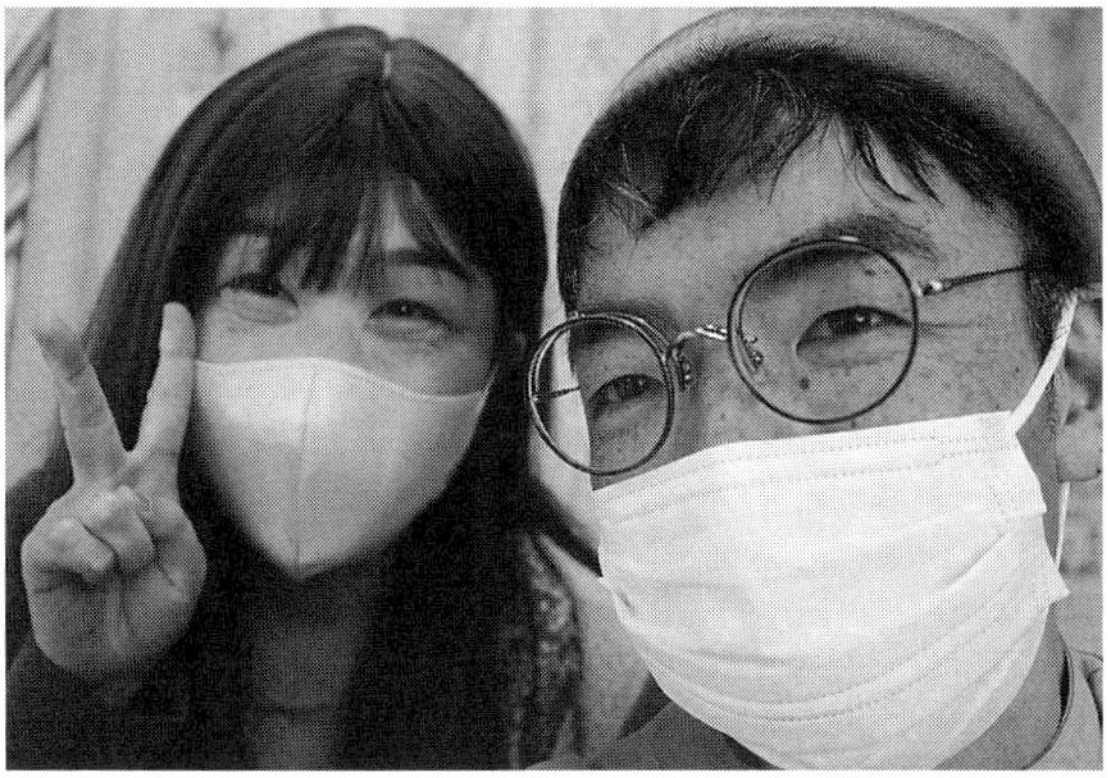

筆者と田中ハル

きる」ことを受け入れてくれた五人のお話が、本書『虐待サバイバーという勿れ《なか》』になった。

田中ハルのホームページには、こんな言葉も掲載されている。

――傷、物理的に受けた傷そのものの写真は撮れません。人に影響を与えますし、田中ハル本人がパニック発作を起こします。

この言葉があったからこそ、「虐待サバイバーさんたちはキレイだ」と言った田中ハルを信じても、「虐待サバイバー写真展」に言葉をつけても大丈夫だ、と私は思った。それは、「人間が生きているということの表現は、キレイになってしまうものだ」という私の信条に、田中ハルという人としてのキレイさが呼応したからだと感じている。

見ても聞いても痛みはわからない。かろうじて想像できるのは、痛みを受けたことがある者が、自分の受けた衝撃について想起されるもの――ショック、パニックである。その目線は過去に向かっている。

過去は消せない。けれども、少し距離を置いたところから見える自分に目を移してみる。そこに、「キレイだ」と思ってしまうことが必ずある。それを表現し、前を向いて生きられるのだということを励まし、応援したい。

本書を出したいと考えた田中ハルと私の思いは同じだ。かつては虐待被害者だった虐待サバイバーたちにはそれぞれの過去があり、今がある。過去に味わった厳しい現実があっても、今は幸せに生きている。虐待で受けた傷は決して消えず、癒えず、心の闇は深さを増すばかりだけれど、出逢ってきた人たちに支えられ、未来に希望がないわけではない、ということを知った。

このようなことを本書で伝えられたなら……。

読んでくださる方々と、虐待サバイバーを知ることでつながれれば……。

虐待サバイバーたちが孤立することなく、今を生きる力を得るために、是非あなたに読んで欲しい。

もくじ

第4章 わからなくても、いい——只野菜々子《ただのななこ》さん 131

終章

虐待被害者という勿《なか》れ——虐待サバイバーという生き方

第 1 章

『おねがい！　チェッカーズ』

―ゆき実さん―

1 『On The Way』（作詞・藤井郁弥、作曲・藤井尚之、一九八八年）

二〇二三年三月一二日、浅草。駒形橋の交差点で、信号が青になるのを待っていた。向かう先は、かの有名なブロマイド専門店のマルベル堂。この日は、「アブラーズ」——チェッカーズのメンバー[1]だったギターのトール、ベースのユウジ、サックスのナオユキで結成されたバンドが浅草東洋館でライブを行う日だった。

その日の朝、トールの思いつきで発売されたという三人のブロマイドを「買いに行く?」と聞いてきたのが、ゆき実さんだった。第1章は、このゆき実さんのお話である。元々、友人ではない。最初の被調査者だった。

前述したように、田中ハルの「虐待サバイバー写真展」のモデルだった一六名に、「対面で、虐待と今を語れる人にインタビューをしたい」と田中ハルにお願いしていた。田中ハルは、一人ひとりに連絡をとって、インタビューに応じられる人を探してくれた。

現在は海外在住のために対面ではインタビューは難しい人、「フラッシュバックが起きるのでとても語れない」というお断りの返事をくれた人もいた。結局、インタビューの内容を私が文章にまとめるというところまで了解してくれた人は五人だった。なかには、以前から友人関係だった二人（一組）いるが、そうではない人たちばかりである。

被虐体験を聞き、文章にしていくという作業はとてつもなくヘビーだ。語れても、私が書いたものを「読むのが辛い」と言って、途中で辞退してきた人もいた。途方に暮れた。私は、何度も落ちこんだ。

信頼されるのって、本当に難しい。せめて、人として信用されるためには、いったいどうしたらいいんだろうか？　そのヒントをくれたのが、ゆき実さんだった。

交差点の信号が青に変わった。私は勇気を振り絞り、マスクをとって（五月にコロナが第五類になると発表されたとはいえ、マスクを外して歩くには世間の目がまだ気になる時分である）、ゆき実さんに声をかけた。目的地まで沈黙したまま歩くのがもったいない気がした。

「口話《こうわ》できる？」

「少しなら」

（1）　〒111-0032　東京都台東区浅草1丁目43－12　電話：03-3841-6631

浅草演芸ホールの４Ｆにある「東洋館」とマルベル堂（右）

流暢に滑舌《かつぜつ》よく喋るゆき実さんに驚き、「**道の上**」（歌詞の一部）で腰を抜かしそうになった。

「えええッ！　少しじゃないじゃん。全然、ハッキリ喋ってるじゃん」

「だって、ちゃんと喋らないと母親にメチャクチャに殴られていたもん」

ゆき実さんは感音性難聴、聴覚障がい者である。補聴器がなければ何も聞こえないという。彼女の母親は口話を強制した。躾《しつけ》を超えた、ひどすぎる虐待だった。

「私の聾《ろう》の友だちよりも、ハッキリと言葉も発音もわかるよ。本当にスゴイ！」

「大人になってからも発音の訓練を受けているから。でも、自分の声、聞いたことないけど」

ゆき実さんが話すスピードは、のんびりと話す私よりもずっと速い。そういえば、ゆき実さんは関西人だった。そして、私の唇の動きを読むのも速い。決して、わかりやすく口を動かしているわけではないのに……。

ゆき実さんの口話がいかに凄いかを私は語り続けたが、「ぜーんぜん、うれしくない」と言って、ゆき実さんはスイと私の顔から目を離し、「いざ！」と意気込むように前を向いて歩きはじめた。

「マルベル堂の場所、ハッキリわかんないんだよねぇ。前はよく行ってたんだけど、最近はご無沙汰だからねぇ」

何やら、ゆき実さんはひとりごちていた。

「遠回りしたらゴメンね」と言うゆき実さんに、私は「うん」とうなずいた。

「この人は信頼できるなって思わないと、口話しないの。だから、最初から最後まで、さっきの喫茶店でのように筆談だけ。携帯にずっと文字を打ちこんだりするときもあるの」

そう言って、ゆき実さんは私の先をスイスイと歩きはじめた。ゆき実さんのツンデレぶりに、

（えっ⁉　私を信用しているよ、って言ってくれているってこと?・）と思い、なぜかときめいた。

（おいおい、私とゆき実さんは女同士だってーの！　くそー、ゆき実さん、ホントにいい女だな。私が男なら、絶対、恋におちていたな）

そんなことを考えながら、案内されるがまま、私はゆき実さんを追いかけた。

2　『わらの犬』（作詞作曲・水政創史郎、一九九八年）

「ゆき実さん、藤井フミヤさんがお好きらしいですよ。撮影のときも、藤井フミヤさんのグッズの服を着ていらっしゃいました。お守りだそうです」

最初のインタビューをする前に、田中ハルがゆき実さんのことをこのように紹介してくれていたが、今となってはとても懐かしい。田中ハルが撮影したゆき実さんは、写真のなかで、背中に龍とバラが刺繍されたスカジャンを着て立っていた。ゴツめの模様が、華奢な骨格を際立たせていた。私が想像する、藤井フミヤの楽曲に出てくる女の子が、まるでそのまま人間になったようであった。

私は田中ハルに、「えらく可愛い人だね」と言った。

「はい、とても可愛らしい方です。ゆき実さんがなさっている『筆談&手話べり会』に、ボクも一度、行ってみたことがあるんですよ」

手話、かぁ。中学一年生のときに手話部に入ったけど、一年で辞めちゃったなぁ。インタビューは筆談だね。書き言葉を通してのインタビューに少し不安もあったが、それ以上に私は、ゆき実さんが藤井フミヤを好きだということに親近感を抱いていた。

私は一九七一年生まれの五二歳。ゆき実さんは、私より一つ年上。私たちの世代のアイドルといえば、「絶対」と言えるほどチェッカーズだった。私はチェッカーズが好きで好きで、本当にたまらなかった。小学六年生から大学生になるまでチェッカーズが出る番組やラジオ、雑誌、映画、新聞を全部見ていても、「もっと、もっと！」と、毎日チェッカーズがなければ何もはじまらないという日々を過ごしていた。

とはいえ、コンサートの入場料は中学・高校生当時のお小遣いでは高価であった。大学生になり、アルバイトができるようになってから、自分のお金でコンサートに行けるようになったことが私にとっての贅沢であった。

ゆき実さんも、同じ青春時代を過ごしてきた。同じ時代を生きているんだから、当然だ。

田中ハルは、「虐待サバイバーは一人じゃないよ、孤立しないよ、つながろう」というメッセージを伝えるために、被写体となった人たちが握手を求めて手を差し出すポーズを撮影していた。

その一枚、ゆき実さんが愛らしく握手を求めて差し出した手を、私は握り返したいと思った。まずは、この人とインタビューでつながろうと思い、「私は、ゆき実さんにインタビューを申し込みたい」と田中ハルに言った。その返事がすぐに来た。

インタビューの前に、ゆき実さんとは何度もメールのやり取りをしている。この文章を書いている今、ゆき実さんとのやり取りで思い出されるのは雨だ。梅雨入りする前の、真っ白い空から降る「**雨、雨**」。肩を濡らした私は勤務先に向かう車のハンドルを握り、厚い雲で覆われた空を見上げ、二〇二二年五月三〇日に届いたメールの内容を思い返していた。

最初に届いたゆき実さんのメールは、何かしらが閉ざされていた。とはいえ、会ったこともない私にメールをしてくるくらいだから、少しは「開かれている」ことはわかっていた。その文章は明朗で、とても整然としていた。

手を差し伸べるゆき実さん

初めまして。田中ハルさんから御連絡を受けまして、メールさせて頂きました。Twitterネームは、yuuki deaf cafe やってるよ!と申しまして、親しい方からはゆうきさんと呼んで頂いています。私の父が私の名前を付けてくれたのですが、漢字の読み方として「ゆうきもありやな」とニコニコ笑顔で話していたこともあり、Twitterネームに使っております。

お察しの通り、父とは喧嘩はありましたが虐待は受けておらず、母親、兄弟から虐待を受けておりました。私が子どもの頃の父は、それほど家族を顧みることはありませんでしたので、虐待の事実を知らないまま他界しております。

届いたメールには、私が虐待について質問をする前から、父親との関係、母親と兄弟からの虐待があったことが記されていた。心構えがないところに本題を切りこまれて、気持ちがとてもあたふたとした。父親のことが、続けて書かれていた。

父とは、私が中学に入学してから、口を利かなくなりました。これは、幼少期から母親から聞かされ続けてきた、父の悪口の影響が強かったためです。

その後、私が三〇才のときに自死を選び病院に運ばれ、入院しているときにやっとお互いのことを受け入れられるようになり、父も私の聴覚障碍を受容してくれるようになりました。といいますのも、父も製造業という仕事柄、騒音性難聴になっており、聞こえにくさを周りから指摘されていたようです。性質は違いますがよく似た難聴で、それ故の苦労も身をもって、感じてくれたのかと思います。

メールを読んで面食らったのは次の文章だった。

現在、私はカウンセリングを受けており、父以外の家族、親族の話をすることについては、言葉を選ばずにお伝えしますと、信頼の無い方に対してはすることはありません。話された方も不快になることもありますし、話を受けてハラスメントをしてくる方もおりました。言葉が厳しく、驚かれたと思いますが、これから信頼関係を構築していき、ご協力出来ればと思います。

これから、私は虐待サバイバーのゆき実さんを取材する。虐待であったことを聞くことは不可避だ。話は必ず、ゆき実さんの父以外の家族、親族にまで及ぶ。だが、先制するように、メール文には「言葉を選ばずにお伝えしますと、信頼の無い方に対してはすることはありません」と書かれていた。「私はカウンセリングを受けており」という断りは、まるで「私に深入りしないで」という拒絶の呪文のように思えた。

「言葉を選ばずにお伝えしますと、信頼の無い方……」か。どうやって信頼を得ようか？　取材自体が拒否されているわけではない。落ち着け、私。きっと、何か方法はある。

田中ハルさんには、それまでずっと否定してきた自分を受け入れるきっかけを作ってくださった、私のお写真を撮影してくださった方です。分かりやすくお伝えすれば「ご恩返し」が出来ればと思っています。

田中ハルが撮影したという事実とその写真が、ゆき実さんの心を解かした。そのことへの恩返しとして、ゆき実さんは私の取材を受けてくれることにしたんだ。ゆき実さんの思いを大事にできますように。ゆき実さんに、私の思いが届きますように――私は祈るように、「おねがい！チェッカーズ」とつぶやきながら、返信メールの送信ボタンを押した。

こんにちは。ご連絡ありがとうございます。本当に嬉しいです。ご事情についてのお話もありがとうございます。少しずつ、ゆき実さんとお話させていただくなかで、私もゆっくりお話を理解させてください。ハラスメントをするつもりはありませんので、私の働きかけが苦しいときには遠慮なく仰ってください。私にも、ゆっくり学ぶ時間をくだされば助かります。どうぞよろしくお願いします。

インタビューについてですが、これからインタビューガイドなどを作成するところです。内容については、当時のことではなく、今のことをメインにお聞きします。お互いに苦しくなるのはやめにしましょうね。

その後の文面で、インタビューは対面で行い、田中ハルが同席すること。手書きでの筆談ではなく、ズーム（zoom）のチャット機能を使用し、ゆき実さんと言葉を直接交わしたいことを記して、いったん文を閉じた。そして、口説き文句を意識して、次の文章を添えた。

追伸

藤井フミヤさんがお好きなんですね。田中ハルさんにお聞きしました。しまもり（著者）も、チェッカーズ、郁弥、フミヤさんを愛しています。田中ハルさんの写真に写っているスカジャン、かっこいいですね。いいなぁ！

お互いに好きだと思えることがあるなら、それを示せば共感が得られるかもしれない。一縷《いちる》の望みに私はかけた。ほどなくして、ゆき実さんから返事のメールが届いた。

ご返信を有難うございます。ゆっくりしっかり、コミュニケーションを取っていきましょう。これまで余りにも、私自身の肯定感を持てずにいたので、時間がかかると思います。ご理解頂けますと、幸いです。嶋守さんもファンなのですね！　話が逸れそうで心配です（笑）だけど安心感があります。どうぞこれからも、宜しくお願い致します。

メールの署名には、ゆき実さんの本名が記されていた。私に対して少しずつ心を開き、信用しはじめてくれているようでとてもうれしく思った。しかし、もう一歩。ゆき実さんの心に、さらに優しく踏みこんでいきたい。

そう考えた私は、ゆき実さんに相談をもちかけることにした。私自身が書いたインタビューの質問文を見て、「この言葉の使い方はどうなの？」、「この質問で何を聞きたいの？」、「この質問はいる？」、「この質問は答えにくい」などといったことについて、ゆき実さんの意見を知りたいと思ったのだ。

質問の一覧表である「インタビューガイド」（一七ページ参照）を、ほかの取材予定者に送る前に、修正や調整がインタビューを受ける当人と一緒にできればとても心強いと思った。実はあとで実感したことだが、この直感は大当たりだった。

私は考えた。もし、私がインタビューを受ける立場で同じことを言われたら、どのように感じるだろうか。「なぜ、私に？」と思うよね。そこで、その理由をメールに書き添えることにした。

なぜゆき実さんにお願いするかというと、フミヤのファンだからです！　あと、これまでのメールのやりとりで、たぶん、わたしと感性が似ているのだろうと直感しました。ゆき実さんの言葉をまず受けとめたいです。どうぞよろしくお願いします。いかがでしょうか？　質問案を送っても大丈夫でしょうか？　お返事お待ちしています。

それでは失礼します。きょうも良い一日を過ごしましょう。わたしの最近の気分は、『わらの犬』です。

ゆき実さんへのインタビューができるのかどうか。不安だった私は、雨に濡れて立ち尽くす、ちっぽけなわらの犬であるかのような気がしていた。「**君の肩にも優しい雨が降る**」藤井フミヤの『わらの犬』を口ずさみ、ゆき実さんに想いを馳せているうちに大学に着いた。雨がフロントガラスを濡らしていた。見上げた空が明るくなりはじめていた。雲が勢いよく流れていた。もうすぐ雨が上がる――そう信じて、ゆき実さんからの返事を待った。

3　『Hello』（作詞・藤井郁弥、作曲・武内享、二〇〇四年）

その後のやり取りがどうなったのかと、気になるだろう。ゆき実さんが、次のようなメールを私に送ってきてくれている。

メールを有難うございます。拝見致しました。私で良ければ、質問文章のチェックをご協力致します。ハートに刺さる理由を言われてしまっては、断れませんもの（*^^*）
インタビューの日にちですが、七月一七日であれば大丈夫です。簡単ではありますが、まずはご返信まで。この頃の私は、アルバム『IN AND OUT』に収録されている『Angel Voice』です。

このメールを読んだときの私の喜びようは、今思い出しても自分で照れくさくなるくらいだ。わかる、わかる、わかるよ。『Angel voice』（作詞・藤井フミヤ、作曲・日比野信午、二〇〇〇年）の歌詞にあるように、今、ゆき実さんの「**君の景色も、君自身も**」変わっていこうとしているところなんだね。ゆき実さんの苦しみが薄れるまで、せめて瞳が乾くまで私はそばにいて、これからずっと大事にしようと心に決めた。
なぜ、ここまでチェッカーズを話題にするかといえば、インタビューガイドを送付したあとに、次のような提案をゆき実さんがしてくれていたからだ。

質問リストを拝見致しました。タイトルの『虐待被害者という刎《なか》れ』に添いまして、虐待から離れた現在の生活の質問が、もう少しあっても良いのかな、と思います。例えばですが、居心地良く感じる場所はどこですか？　とか、これまで外出した中で、印象に残っている、又はもう一度訪れたい場所はありますか？　など、虐待から離れつつも、読んでくださる方の身近な所にいるイメージを結びつけるのは、いかがでしょうか？
あるいは、虐待を別世界の話に感じられている方も多いでしょうから、読んでくださった方と何かが重なるように、映画や書籍など好きな作品とその理由を尋ねるのも、一つの方法かなと思います。

虐待が自分の暮らす世界とは別世界のように感じられるのは、本書を書いている私も同じである。しかし、藤井フミヤやチェッカーズが話題のきっかけになったことで、私はゆき実さんが言うように、虐待サバイバーとしてはもとより、ゆき実さんをどんどん知りたくなり、どんどん言葉を交わしていきたいと思った。そして、虐待サバイバーへのインタビューガイドが完成した。

インタビューガイド

Ⅰ　自己紹介をお願いします。
1　自由に、自己紹介をお願いします。
2　好きなアーティスト（歌手、作家、漫画家、画家、写真家、俳優、映画監督、料理研究家など）を教えて下さい。

3　好きな作品を教えて下さい。できれば、その理由も教えてください。
4　インタビューのときにふれて欲しくない話題がありましたら、お知らせください。その理由も、簡潔に教えていただければ助かります。

Ⅱ　田中ハルさんの撮影について

1　どのようにして、田中ハルさんの撮影について知りましたか?
2　撮影されようと決めた理由はどのようなものでしたか?
3　撮影されているとき、どんなことを感じていましたか?
4　撮影されているとき、どんなことを考えていましたか?
(撮影されているとき、何か表現したい、伝わったらいいなと思っていたことはありますか?)
5　撮影された写真を見て、どのように感じましたか?
6　最後に手を差しのべる写真を撮るときに、考えていたこと、伝えたいことはどのようなことでしたか?

Ⅲ　虐待から生き抜いてこられたことについて

1　虐待から、どのように逃れてきましたか?

2　虐待から、逃れようと強く思えたきっかけはどのようなことでしたか？
3　虐待から逃れようとしたときに頼りになった人はいましたか？　それは、どのような人ですか？（今も、支えになっていますか？）

Ⅳ　**家を出たあとのことについて**
1　虐待から逃れてきた直後は、どのような生活をしていましたか？
2　虐待から解放されたあとから現在までで、困っていることはありますか？
3　いま、幸せだと感じていますか？　どのようなことに幸せを感じますか？
4　いま、居心地よく感じる場所はありますか？　それはどのような場所ですか？
5　これまで外出したところで印象に残っている、あるいは、もう一度訪れたい場所はありますか？　それはどのような場所ですか？
6　いま、希望になっていること、なっているものはありますか？　希望になっている人はいますか？
7　これから、かなえていきたいことはどのようなことですか？

Ⅴ　**いま、虐待を受けている人へのメッセージ、インタビューを受けた感想など**
1　いま、虐待を受けている人に「手を差し出す」写真を撮り、このインタビューを受けたことで伝えたいことを教えてください。
①誰に伝えたいですか？
②どんなことを伝えたいですか？

2　インタビューを受けてみて感じたこと、嶋守にこれだけは伝えておきたいと考えていることを教えてください。

そして、二〇二二年七月一七日、ゆき実さんへのインタビューの日を迎えた。その日は日曜日だった。ここ数年、上京した土曜日には「神の愛宣教者会」の炊き出しに参加している。そして、日曜日の朝は、「NPO法人友愛会」(2)での朝ご飯の給仕へと、ボランティアに出掛けていた。本書の原稿執筆と同時に進めている共著書に関するフィールドワークのために浅草で宿を取り、寝泊まりを続けていた。

朝食のお皿と大きな炊飯器のお釜を洗い終えると、私は居ても立ってもたまらず「友愛会」を飛び出した。最寄りの南千住駅（東京メトロ）までは、スーツケースを引きずる私の鈍《のろ》い足で歩いても一〇分ほどだった。

泪橋《なみだばし》の交差点を過ぎ、歩道橋に上がると、貨物線の複数の線路が美しく見える。私はここから見える山谷の風景がとても好きだ。グレイの雲が一面空に立ちこめていたが、雨は上がっていた。

秋葉原で都営新宿線に乗り換えれば、京王線の府中駅まで乗り換えなしだ。場所を府中にしたのは、ヘルプマークを携行する田中ハルに体力を消耗させないためである。

時計を見ると、待ち合わせ時間より早くに到着していた。駅前にある啓文堂書店に入り、女性の病気に関する本が置かれている書棚を見ると、すでに拙著『私、子宮がんやめました　抗がん剤、やってどうなる?』（新評論、二〇二二年）が並べられていた。嬉しい！　とても嬉しい！　すぐ隣のカフェでハーブティを飲みながら、ニンマリ笑って田中ハルとゆき実さんを待つことにした。

（2）東京の台東区と荒川区にまたがる「山谷地区」を拠点に、元路上生活者、独居高齢者、ＤＶ被害者、精神障がい者や知的障がい者、刑期明け出所者といったような方々への支援活動を行っている。〒111-0022　東京都台東区清川２丁目16－３　電話：03-5603-2386　拙著『孤独死の看取り』『寿ぐひと　原発・市民運動・死の祈り』（ともに新評論）でも取り上げている。

歩道橋から見る貨物線の風景

さあ、「ほんの5分」前だ。エスカレーターを昇った改札口前が、待ち合わせの場所だった。

「しまもりさん」

声に振り返ると、田中ハルと赤いTシャツを着たショートヘアの女性がいた。田中ハルの写真では、ゆき実さんは背中の真ん中まで伸びた黒髪をうしろで一つに結んでいた。髪型が違ったので、私は少々面食らった。また、「こんにちは」の手話がとっさに出てこない自分にもあきれた。

改札口から出口に向かう途中で目が合ったゆき実さんに、「ずっと会いたかった」と手話で話した。その様子を見ていた田中ハルが、「嶋守さんは手話ができるんですね」と驚いていた。田中ハルが「嶋守さんは何でもできるんですね」と感激するので、「何にもできないよ」と言った私とゆき実さんの目が合った。やはり、それ以上の手話が私にはできなかった。

あ、口話《こうわ》でいいのかと思い直して口元に手をやると、不織布のマスクが指に触れた。コロナ禍だった。口が覆われていては、唇の動きがゆき実さんにわからない。

「ごめん、ハルちゃん。二人で前を歩いて。貸し会議室まで、ゆき実さんを案内して行ってくれる？　私、二人の後ろをついていくから」

手話で、田中ハルはゆき実さんとコミュニケーションをとっていた。

「今日は暑いね」

「あと、五分くらいだよ」

目の前で交わされる二人の手話を、詮なく私は見つめた。

目の前を歩いていたゆき実さんは細身で、背筋がピンと伸び、姿勢がとてもよかった。（柳腰って、こういうことを言うんだな。化粧っ気がまるでないのに艶っぽいなぁー）と思いながら、後ろ姿をいいことに私はゆき実さんをじっと眺めていた。

ゆき実さんの襟元を見ると、赤いＴシャツに藤井フミヤのロゴがあった。「藤井フミヤ 60th BIRTHDAY RED PARTY」のグッズだ！　やっとゆき実さんに会えたんだと、私は一人、喜びを噛みしめた。

駅から離れて並木通りを右に進むと、夏の匂いがした。雨がすっかり上がり、太陽が顔を出しはじめていた。気づけば、眩しい季節がはじまっていた。

４　『下北以上原宿未満』（作詞・藤井フミヤ、作曲・藤井フミヤ、佐橋佳幸、二〇〇六年）

インタビューをするために借りた貸し会議室に到着して、それぞれの席に着いた。パソコンでズームを立ち上げている私に、ゆき実さんがインタビューへの同意書と回答を書きこんだプリントを差し出してきた。

早速、それに目を通した。まるでペン習字の手本のように並んだゆき実さんの美しい文字に驚いた。乱れを決して許さない母親の厳しさが伝わってくる。

「虐待から、逃れようと強く思えたきっかけはどのようなことでしたか？」という質問に対するゆき実さんの回答に、私は驚いた。

「当時、結婚したい人がいて、その人を追って」

次の「虐待から逃れようとしたときに頼りになった人はいましたか？　それはどのような人ですか？（今も支えになっていますか？）」という質問に対する回答にも驚いてしまった。

「藤井フミヤさん、チェッカーズ。結果的には別れましたが、彼を自立の支えにしていました」

ゆき実さんから「彼」という言葉が出るなんて！

思わず出た「声に出して読みたい日本語、いや、回答！」という私の言葉を聞いた田中ハルは大きく目を見開き、ゆき実さんは笑顔で、大きくうなずいていた。ズームのチャットに私は文字を打ちこんだ。

——何歳で、家を出たんですか？

ゆき実さんは、iPhone からズームにつないで、チャットに文字を打ちこんできた。

ゆき実　遅くて三六歳でした。

笑いあり、涙ありの文字が綴られる

――へぇ！　そのときに結婚をしたかったんですね？

ゆき実　そうなんです。三二歳のときに知り合って。

――お仕事で知り合った人？

ゆき実　いいえ、遊びに行った先で私が一目惚れしました。

――どこに遊びに行って、何をしている人で、なんでまた一目惚れを？

ゆき実　下北沢とかライブ会場で出逢って、私が一目惚れして。ギタリストです。

藤井フミヤやチェッカーズの曲を弾いていたカッコイイ姿に、一目惚れしたんだそうだ。「おおお」と打ちこんだ私に、ゆき実さんが「でへ」と返事をした。

――どうやって口説き落とした野？　の、だ。動揺して、字、まちがったよ。

ゆき実　ファンレターを出したのがきっかけで。こちらは、相手には恋人がいるかも、奥さんがいるかも、と思いながら書いていたので、最初は友達として。

――どれくらい、彼氏さんだった人とつきあっていたの？

ゆき実　上京して間もなく、通じ合わなくなって別れました。

「あれれれ」と打ちこんだ私に、ゆき実さんは肩をすくめておどけた表情をした。

——手紙とかメールとかでコミュニケーション？

ゆき実　手紙を読んでもらって、あとでライブのMCで返事をもらっていました。あちこちのライブに行ってたんですよ。

ゆき実さんは補聴器をつけてコンサートに出掛けている。今の補聴器は性能がいいらしく、何と藤井フミヤのコンサートに行くと、フミヤの声だけが聞こえるようだ。前奏も間奏もなく、突然、フミヤの歌が響く何と甘美で幸せな世界！（聞き取りたい音域の周波数に集中させて、補聴器で聞き取れる範囲をコントロールできると聞いた）

フミヤの声だけが聞こえる世界、ゆき実さんの補聴器を本気で私も欲しいと切実に訴えると、ゆき実さんは「あはは」と大笑いした。初めて、私はゆき実さんの声を聞いた。文字だけのやり取りに笑い声が加わった。しかし、ゆき実さんは私ではなく、iPhoneの画面を見つめていた。

話が脱線した。

ゆき実さんが関西から東京に移って、今や一六年。結婚したかった彼と出逢ったのは、三〇代前半の若いゆき実さんだ。実は、ギタリストである彼のほうが、ゆき実さんに一目惚れをしたんだろうな。恋に落ちたギタリストの彼女は難聴だった。スピーカーからゆき実さんへと愛を叫ぶ声が響きわたるライブ会場を想像するだけで、ドラマだ。最近は、聴覚障がい者の恋愛ドラマが流行《はや》りである。それがリアルだったんだから、凄い。

――なるほど。で、結婚の話になっていった？

ゆき実　上京してすぐ、プロポーズがあったみたいなんですが、私が聞こえなくて。

――ドラマだわ。

ゆき実　そこからずれちゃった。

――ああ、ドラマだわ、それも。

感動した私に、ゆき実さんは笑って、「小説になるかしら！」と文字を打ちこんできた。「なるよ！」と叫ぶ私の唇を見て、「いやぁ、面白い数年間でしたわ」という文字を送ってきた瞬間に見たゆき実さんは、本当に、とてもキレイだった。

5　『ギザギザハートの子守唄』（作詞・康珍化、作曲・芹澤廣明、一九八三年）

少し打ち解けられた感じがした私は、母親からの虐待から逃れて、これまでずっと生きてきたことについての話を少しずつ聞くことにした。しかし、いきなり本題に切りこむというのはいかがなものか。突然、拒絶されるのも怖い。迷いながら、今のゆき実さんの暮らしの話から尋ねることにした。

――今は手話の教室をやっているって、ハルちゃんに聞いたよ。

ゆき実 御徒町と表参道で。「筆談&手話べり会」と呼んでいて、筆談もＯＫにしているので、ハードルは低いですよ。

――今は、一人で暮らしている？

ゆき実 はい。壁にフミヤさんのポスターを貼っています。

やばい。それはパラダイスってやつだ。そんなに面白い人生なのに、「死にたい」って思うことがあるのねぇ。

ゆき実さんは、インタビューガイドに「『死にたい』と苦しまずに済むようになりたい」と書いていた。「死にたい」という文字を見ながら、私はゆき実さんへ言葉を投げかけた。

ゆき実 一人で暮らしていても、実家にいるような感覚になるんですよ。起き抜けに母からなんかされそうな、怯えた気持ちで目が覚めます。

――わかる気がする。小さいとき、母が私を呼んで叫ぶ声が幻聴のようにいつも聞こえていた。今も、あるもん。

ゆき実 私もあります。ドキッとしますよね。だからかな、好きなもので囲むようにしています。最初はえげつなかったんですけどね。引っ越してすぐは、壁という壁にフミヤさんの切り抜きを貼ってました。お札のように隙間なく貼って現実離れしていたんです、意図的に。知り合いが来て、「見られてるみたい」ってびびってるのを見て変えていきました。

「……わかるよ。私も中学生のとき、雑誌のセブンティーンに綴じこまれた郁弥のポスターに添い寝していたもん」とゆき実さんに返すと、ゆき実さんは少し複雑な顔をした。

聴覚障がいで音が聞こえないのに、母親の声が頭から離れないなんていうことがあるのか。恐怖が心の耳をこじ開けて、母親に抱く感情のすべてを脳に刷りこんだのだろうか。

ここで、少し踏みこんで虐待の話を聞いてみようと思い、私は次の文字を打ちこんだ。

――自分が虐待に合ってるって、小さいときから気づいていましたか？

ゆき実　兄と弟と待遇が違いましたもん。兄弟は母からとっても大事にされていました。弟は私と、仲良くしてるふりはしてました。兄は弟に「あいつは障がい者だから」って言ったりしてました。私だけが難聴なんですよ。

――三人きょうだいの真ん中だったんですね。どんなふうに、待遇が違いました？

「さしつかえない範囲で」と文字を付け足すと、ゆき実さんの返事はこうだった。

ゆき実　私だけが殴られるんですよ、竹の物差しとかで。兄弟の目の前でした。

——えー。それは何歳くらい？

ゆき実　物心着いたときからです。そういうの、父は知らなくて。

——そうか。お父さんは、仕事人間で家にあまりいない人でしたか？

私たちが子どもだったころ、テレビをつければ「二四時間、働けますか？」という栄養ドリンクのCMが毎日流れていた。それはきっと、時代だった。団塊の世代の父親は「島耕作」、母親は「毒親」と呼ばれて今や嫌われている、と上野千鶴子先生も書いていた(3)。

我が家もそんな時代の典型のような家庭だった。帰宅拒否症で毎晩酔っ払って帰宅し、飲み代で膨れあがった借金まみれの父に母は怒鳴り、私と妹は母に八つ当たりされて育った。父母の理不尽なキレ方、父親の悪口で母親に洗脳される毎日が本当に嫌だった。

ゆき実さんは私とは違う。だが、ゆき実さんの話す家庭環境を想像しようとすると、私自身の体験が邪魔をして、うまくゆき実さんの話が聴けなかった。

私と、虐待を受けて育ったゆき実さんは何が違うのだろうか？　このときはまだ、躾《しつけ》と虐待の違いがわからなかった。ゆき実さんの語りや思いに寄り添えていなかった。今なら、相手にインタビューをしているのに、自分ばかりを見ている私自身がおかしいとわかるのに……。

ゆき実　私、思春期の頃は一番、きかん坊で。

ゆき実さんの文字に、「えええ、全然そんな感じしないのにね」と返し、続けて「**ギザギザハート**だったのね」と私は打ちこんだ。

するとゆき実さんは、「確かに！　ギザギザでした」と返事をしたあと、また大声で笑った。笑ってくれたら、虐待について尋ねることを繰り返そうと考えていた。遠慮してしまい、踏みこまないから、問いの焦点がずれていった。

——ゆき実さんが小さい頃にきかんぼうだったから、お母さんといがみあってた？

ゆき実　訳のわからないことに関しては、言い返してましたね。「ジャニーズのファンになれ」とか。チェッカーズのファンだと不良になるんですって。

「ありがち」と私が文字を打ち返すと、ゆき実さんが大きくうなずいた。

（3）　上野千鶴子（二〇二三）「最後に頑張るときが来た！　男は島耕作、女は毒親　嫌われた世代の正の遺産は」『中央公論』第三七巻第四号、二六ページ。

——暴力が日常的だったの？

ゆき実　大阪弁をしゃべるなとか、理不尽なことを日常的に言うんですよ。母は東北の人で、大阪の気質が嫌いで。「なら、なんで父と結婚したんだ？」ってなると、「寂しかったから」って。

——東北から嫁いできて、大阪に馴染《なじ》めなかったのかな？

ゆき実　馴染もうとしなかったんだろうと。父方の祖母、いじめるタイプじゃないから。義実家に関しては、やっぱり悪口しか言わなかったです。でも、義実家をかばうわけではないけど、原因は母の態度なんですよね。

——お母さんは、ゆき実さんが聞こえないのをわかっていて、お父さんや義実家の悪口をずっと言っていたの？

ゆき実　聞こえてないことをいつも意識しているわけではなかったと思いますよ。

——聞こえないけど、お母さんが悪口を言っているのはわかっていたんだ。

ゆき実　口元を読め！　って言われていたので、何となくから段々確信を得た感じです。筆談？なにそれ、めんどくさい、な人だから。喋るのを聞き取れ、って感じです。それは兄弟もおなじ。父だけですね、わかり合えてから手話を勉強してくれたんです。

——お母さんは悪口言ってるくせに、口元を読めっていうの？　理不尽だ。

ゆき実　それが母です（キラーン）。

　文字が打ちこまれたタイミングと、「キラーン」という文字がおかしくて、私は思わず笑った。

「キラーンって笑」と返すと、ゆき実さんが大きくうなずいた。雰囲気が暗くならないようにと、ゆき実さんが気を遣ってくれている様子が十分すぎるほど伝わってきた。

――父親と、義実家の悪口を日常的に聞かされる。他にどんなことをされていた？　さしつかえない範囲で。

ゆき実　気に入らないことがあると、竹の物差しが出てくるんです。

――何センチの？　三〇センチの？

ゆき実　一尺っていうのかな、長いやつで。

――気に入らないことは、小さい頃のゆき実さんには予測が不可能だった？

ゆき実　そもそも聞こえてないから、理由がわからなくて。

　時計を見ると、もうすぐ一三時だった。お腹が空いて、集中力が切れてきた。私が「一三時になったらお昼ごはん、ファミマに買いに行こう」と切り出すと、ゆき実さんは「ファミマ、行きましょ」と返事をくれた。でも、もう少し話を聞こうと腹に力を込めた。

――まだ私が話をきちんと聴けていないからだと思うんだけれども。体罰がキツくて、押しつけがましいお母さん、といったイメージなのね、私が今理解できているのが。お母さんが虐待していた、っていうのは、定規でぶってくる以外にもあったということでしょ?

ゆき実　精神的虐待、が当てはまると思います。体罰だけが虐待じゃないと知ったので。

――なるほど。体罰はそれほどなかった?

ゆき実　さすがに跡が残ったから、やらなくなったのかも。むき出しになる腕や足を叩かれましたから。思い出せるくらい痺《しび》れる痛さでした。

このあとの言葉が、どうにも続かなかった。私は、ゆき実さんと田中ハルに「ファミマ、行こっか」と声を掛け、ズームを閉じた。

6 『Angel Voice』（作詞・藤井フミヤ、作曲・日比野信午、二〇〇〇年）

軽めの昼食を済ませたあと、インタビューを再開することにした。ゆき実さんの言う「精神的虐待」とは、何があったことを意味する言葉なんだろうか。私は「インタビューガイド」を見ながら、恐る恐る質問をしてみた。

――精神的虐待って、いつわかったの? なんで、虐待だって気づけた?

ゆき実　三〇代になって、テレビを見ていて知ったのと、新聞に掲載されたのと同時に情報が入ってきて、知った感じです。

——どんなテレビ番組だった？　番組名、おぼえてる？　昼間は働いていたでしょう？　休みの日とかにやってた番組？

ゆき実　ＮＨＫだったんじゃないかな。昼間の番組でした。ヘルパーをハラスメントで辞めて家にいました。

そうだ！「虐待と今を語る」ことがインタビューの目的だった。まずは、ゆき実さんがどんなふうに生きて、生活をしてきたのかを聞いておくことが大事だろう。精神的な虐待の中身を尋ねるよりも、まずはどんなふうに生活してきたのかを聞こうと、質問を変えてみた。

——なるほどね。ヘルパーさんは、何歳から何歳までしていた？　大体で大丈夫。

ゆき実　二九歳から、二〜三年かな。

——小、中、高校、大学は行った？

ゆき実　高校まで行きました。高校も希望校へは行かせてもらえなくて。進学した学校が、就職率が一〇〇パーセントの学校だからという理由で。

——なるほど、お母さんが選びそうな理由だ。

小学校、中学校、高校での思い出をそこから聞いていこうと、ゆき実さんに話を振ってみた。しかし、「学校は楽しかった?」と尋ねてみても、「全然。二度と足を向けたくない」と返してきた。家庭訪問で教師が家に来たら、虐待は発見できるものなのかを確認したかったのだが、ゆき実さんは「家庭訪問に来てくれても、喋るのは母だから都合よく話せますし」と、こちらが(ごもっとも)と思う返事があっただけである。

友人関係をしばらく語り合っているうちに、私はゆき実さんの現在の心の状態を尋ねようという気持ちになった。そこで、勇気を出してこう切り出してみた。

――いつから精神科に通ってるの? 私も七年間、通ってるんだよ、不安障がいと鬱《うつ》で。

ゆき実さんが、落ち着いた様子で返事を打ち返した。

zoomでのやり取り

ゆき実　二四歳からなので、だいぶ通ってますね。私は鬱と幻聴です。
——そうか。おかあさんの声が聞こえちゃう？
ゆき実　正解！
——つらい。

ゆき実さんが鞄をゴソゴソと探りはじめた。ハンカチを探しているのだとわかった。泣けちゃうんだな。ゆき実さんに、何て声をかけたらいいんだろう。ゆき実さんの耳に音は届かない。声音なら、いくらでも変えて調整して、気持ちの温度を言葉に載せることができるのに……。

今、ゆき実さんに届くのは、iPhone の画面に映し出される文字だ。いい言葉が思いつかない、私は文豪じゃないんだから。とっさに私が打ちこんだ文字は、「なんか、フミヤの声しか聞こえない補聴器というものがこの世にあってよかったよ」だった。

私の文字を見たゆき実さんが、泣いた。大きな涙の粒がいくつもあふれてきた。

ゆき実　どうせなら、好きな人の声だけでいいのにね。

——そうだよ。少しずつ、消えていくよ、大丈夫。フミヤの歌と声で消していこう。

涙を拭うハンカチを目から少しずらして、ゆき実さんが私の文字を読んだ。そして、「消えてほしい」と、iPhone に文字を打ちこんだ。そんなゆき実さんに、こう文字を打ち返した。
「あたしもたくさんお話する。だいじょうぶ、もう一人じゃないんだから」
私は、ゆき実さんの「**瞳乾くまで何もせずここにいる**」ことにした。しばらくすると、彼女はぐっと前を向き、涙をこらえた。辛いときの涙を一人で止める方法は、もうわかっているのだという様子が十分に伝わってきた。とても切ない姿だった。
インタビューを続けることにした。

——家族に可愛がられた、っていう思い出はある？

ゆき実　外面《そとづら》はいいから、昔の写真を見ると一般家庭な雰囲気だけど、実際は違いましたから。父だけですね、わかり合えてから手話を勉強してくれたんです。

——お父さん、いい人。お父さんいてくれてよかったねぇ。何がきっかけで、お父さんとわかり合えたんだろう？

ゆき実　私がオーバードーズ(4)で意識不明になって、ICUに入ったのがきっかけなのかな。娘が先に死ぬと思わなかったんだと思う。

——何歳のとき？　なんで、オーバードーズしたか、そのきっかけって話せる？

ゆき実　三〇歳。仕事と祖母の介護、失恋でした。

——おばあさまの介護？

ゆき実　母が嫌がりましたもん。お前がやれ、ですから。

――お母さんがイヤなことを、ゆき実さんが代わりにしていた？

ゆき実　全部そうだったかも。義実家との関係も。だけど、義実家と仲良かったから気に入らなかったみたい。でも、おばあちゃんに申し訳なくて。嫌な怖い孫になってたから。タバコ吸ったり薬飲まなかったりするから、その度に怒鳴ったり。イヤな孫でしょ。

――よくがんばっていたね。おばあさま、認知症だった？

ゆき実　認知症なんだけど、私の事だけは大事に覚えていてくれたんだって。私はおばあちゃんを守りたかったけど、向いてなかったと思う。でも、認知症だから放っておけないし、自分も辛いしで。ご近所さまから「おばあちゃんに酷いことするな」って怒鳴られたこともあるよ。見えない部分はしょうがないけど。

――そうかー。息詰まるね。生き詰まるよね。

ゆき実　誰かに相談したくても、帰ってくる言葉が「年を取ると赤ちゃんに戻るから」って、解決にならなくて。それでもう自分がダメになって。母親に「私、生きてても仕方ないよね」って泣きながらいったら、「そうだね」って。

――怒！　それでオーバードーズしたのね。逃げ場がそこしかなくなっちゃったんだ。

（4）　精神的な苦痛から逃れることを目的に薬を大量に摂取すること。

ゆき実　入院中は看護師さんと父だけが心配してくれて、あれがなかったらまた同じことを繰り返したかも。

三〇歳で、母親が嫌がって寄りつかなかった義実家のおばあさんを介護するなんて、どんなに壮絶なことだったろう。

ゆき実さんは幼稚園のころ、その義実家に預けられていた時期があったという。ゆき実さんに対する子育ても、義実家での介護も母親は嫌がって放棄している。そうした母親の意図に添わざるをえない状況を想像したとき……祖母は、認知症が深くなってもゆき実さんのことだけはわかっていたという状況だった。

そこまで、私はきっと頑張れない。まず、母親がやらないことを自分が代わりにするということが、私にはできない。

これまでの話をまとめながら、私は田中ハルの「虐待サバイバー写真展」について、ゆき実さんから話を聞くことにした。

――二四歳のときに、ゆき実さんは精神科に通いはじめて、三〇歳でＯＤ（オーバードーズ）？

ゆき実　そう。

――で、田中ハルの写真を見たんだね。どうやって、田中ハルのSNSに辿り着いたの？

ゆき実　Twitterを通じて知ったの。タイムラインに流れてきたのかな、紹介が。

――ハルちゃんが出した、「被写体、募集してます」ってやつ？

ゆき実　確かそうかな。

――写真を撮ってもらうまえに、誰か、ほかの人の写真は見ていた？

ゆき実　見ました。とても柔らかい光が印象的で。被写体の方も柔和な表情で、カメラマンのハルさんてどんな人なんだろう？　って興味をもったのを覚えてます。

――被写体になる、っていうのと、田中ハルに会いたいって思ったこと、どっちの意識が強かった？

ゆき実　会ってみたい、でした。

――どうして？　初めて会う人に写真を撮ってもらうなんて、不安はなかったの？

ゆき実　不思議と怖くなかったんですね。緊張はしましたけど。被写体をクローズアップしながらも、緊張させない表情を撮影するって簡単じゃないことを自分で知っているのもあって、この人なら私の背中でも心を写し出せるんじゃないかな、と難しいことを思っていました。

――ゆき実さんも写真を撮るの？

ゆき実　いや、写真を撮られるのが大嫌いなの。だから、柔和な顔が出来ない。

――最初は背中だけ撮ってもらおうとしていたんだっけ？

ゆき実　そう、顔は写してほしくないってお願いしました。

――それは、写真がキライだから？

ゆき実　顔が嫌いなの。母親そっくりだから。

　母親の、どんな顔が自分にそっくりだとゆき実さんは思いこんでしまっていたのだろう？　私は、彼女が「嫌い」と言うお母さんの顔を尋ねてみることにした。

――おかあさんの顔は、厳しい表情しか、イメージにないんだ。

ゆき実　いじわるな顔ですね。

――厳しい表情ではなくて、いじわるな表情なんだ。お母さんが笑っている表情とか、イメージにないのかな？

ゆき実　笑ってた記憶はあるけど、信用してないから。

――お母さんを信用できないんだね。厳しいって、

ゆき実さんの後ろ姿

時に愛情も含まれるパターンがあるけれど、お母さんには愛情がなかった？

躾《しつけ》と虐待の違いを知りたいと思ってこう尋ねた私に、ゆき実さんは次のように答えた。

ゆき実　自分に酔ってばかり。
――お母さんは、お母さん自身のことしか見てないから？
ゆき実　そうなのよね。
――お母さん、私を見て、って思ったことはある？
ゆき実　ある。けど、見ないよねーって諦めてる。

ゆき実さんの表情から、その諦めには、何がどうあろうと、誰がどんなに仲介しようとしたところで、もう取り付く島がまったくないという雰囲気が伝わってきた。

ゆき実さんの話では、母親が子どもにする行動の違いから躾と虐待の区別はつかなかった。しかし、子どもが母親に対して抱く感情――おそらく、躾を受けてきたと感じる私と虐待されてきたゆき実さんとの大きな違いは、母親に対する諦めの深さにある、と私には思えた。

話題を、田中ハルの「虐待サバイバー写真展」に戻すことにした。

――どんな気持ちの変化があって、田中ハルに顔も写してもらえたんだろう？

ゆき実　写していただいた写真を見て、思っていた以上に優しい雰囲気になっていて。自分の顔も優しくなるなら、お願いしたいなと思って。母親に似てるから優しい雰囲気とか、無理だと思っていたし。

――お母さんの顔にそっくりだと思っていた自分の表情が、田中ハルの写真のおかげで柔和になっていて、どう感じた？

ゆき実　これが自分だ、本当はこんな顔なんだ。仮面を外した感覚がありました。

――仮面？

ゆき実　母親の顔が張り付いてると思ってた。

――ああ。いじわるな顔が？

ゆき実　そう、見たくない顔が。

――おかあさんの意地悪なところが、自分にもある気がするときはある？

ゆき実　うーん、家族に対してだと、そう感じることもあるかも。普段は自分と母親の性格は重ならないかな。重ならないように気をつけてるところがあると思う。

――それはね、わかるよ。

ゆき実　自分が母親のクローンじゃないかと思ってた時代があるのよ。

――それは、精神症状がいちばん酷かったとき？

ゆき実　そう、母親の望むようにしか生きちゃダメなんだって。

そういえば、と思い出したことがあった。インタビュー前のメールのやり取りで聞いていたことだ。

――二四歳で結婚させられそうになったしね。どんな相手だったの？　会ったの？　フミヤにそっくりだったら、どうした？笑　だめか、お母さんの好みだったら、ジャニーズじゃないとダメなんだったね。

笑いながら、ゆき実さんが次のように返事を打ちこんできた。

ゆき実　お見合いという体《てい》で、母親の友だちの知り合いで同世代の男性と会いなさいって話が出たときに、これは断れないやつ！　ってピーンと来たの。泣き喚《わめ》いて無かったことにできた。

――すばらしい、野生の勘だな、それ。

ゆき実　恋愛ぐらい自由にさせろ！　って怒ったよー。

――しかし、二四歳っていうのが、あまりに世間体って感じで、逆に笑える。

ゆき実　そう！　世間体が基準なの。

二人で笑い転げたところで、最後にゆき実さんにこう尋ねてみることにした。

――ねぇ、ゆき実さんにとって、虐待って何？

ゆき実　親の不満やフラストレーションを吐き出す様子。

私は頭を抱えこんだ。……わからない。虐待は、親の八つ当たりとどう違うのか？　打ちこまれた言葉に、意図が凝縮されすぎているからなのか。そこに含まれる意味の温度がまったく伝わってこない。私は困惑しきって、こう尋ね返した。

――うむー。親ってそういうもんじゃん？って言われたら？

ゆき実　それが、人に向けられたときに虐待になると思います。いや、親だからって許されることと許しちゃダメなことがあるはず。

――人？　子どもも、人、なんだよ、ってこと？

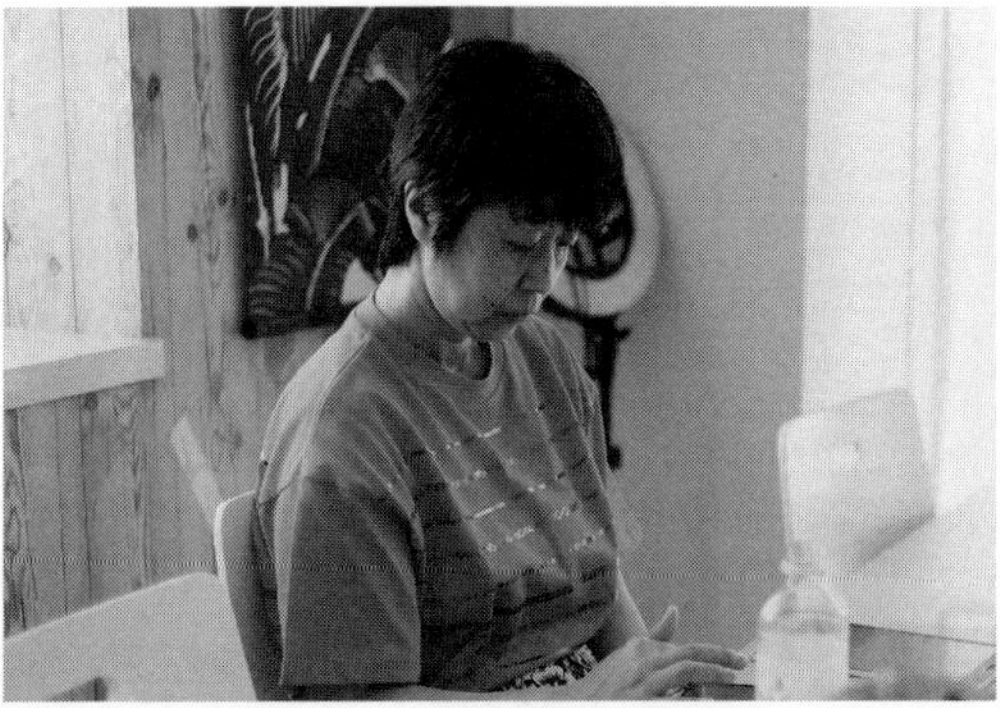

インタビューを受けているゆき実さん

ゆき実　子どもに限らず。かな。子どもも一人の人間で、所有物じゃないから。他人に向けても
それは同じで。

――うんうん。

と、打ちこんでみたものの、少しもわからなかった。「腑に落ちる」とよく言うが、やはり五臓六腑に染みわたる答えを一度に探そうと思う私が焦りすぎているのだろう。

――こんだけ、生きづらいんだぞーって、ちょっと文字にして教えてみてもらえることはできる？　私に八つ当たりして。聴いてるから。聴きたいから。

ゆき実　虐待してきた相手から離れても、虐待は終わらないよ。

――今日一日の分だけでも、もっとすっきり吐き出してみて。

ゆき実　いや、ひと言で足りるかな。

その後、私は何度か質問の方法を変えて、虐待を説明してもらえるようにゆき実さんに言葉を向けてみた。しかし、「ひと言で足りるかな」という以上の答えを、彼女からもらうことができなかったし、それ以上の言葉が重なれば意図とは違う何かが出てくるような気がした。これ以上、私はゆき実さんに虐待について尋ねることはやめにした。

――写真を撮ってもらう前と、撮ってもらった後では何か変わったことはある？

ゆき実　ハルさんにお写真撮ってもらったあと、憑き物が落ちた感覚でした。スッキリ！というか。あれは、写真を撮ってもらって、今まで感じたことがないです。

「憑き物が落ちた」かぁー。田中ハルっていうのは、本当に凄いカメラマンなんだな。そう思って田中ハルを見ると、ズームのチャットに一所懸命文字を打ちこんでいた。

文字を打ちこむゆき実さん

田　中　インタビュー、ハードな内容だったと思う。それと自分の虐待との共通項も多いし、我が事のように見守ってた。ゆき実さんも嶋守さんも、ホントおつかれさまです。

文字を打ちこみ終わった田中ハルの、「やり切ったぞ！」という表情を見て、ゆき実さんも私も柔らかく、頬が緩んだ気がした。

7 『I Have a Dream #1』（作詞・藤井郁弥、作曲・藤井尚之、一九九一年）

その後のある夜、ゆき実さんからのLINEが入った。

「ただ聞いて欲しくて」

この言葉からはじまった知らせは、ゆき実さんのお母さまが亡くなったことを私に知らせるものだった。

私的なメッセージまで取材の対象にするつもりがなかったので、私は記録にLINEの内容を残さなかった。また、タイミングが良いのか悪いのか、その直後に私のiPhoneが故障した。機種変更のタイミングでLINEの履歴が全部消えてしまった。だから、こと細かに内容を示すことはできない。

しかし、私はゆき実さんから、お母さまの死を知らせるメッセージを受け取れたことがとても嬉しかった。ただ静かにゆき実さんのメッセージを読み、友人としての返事ができたことが私にとっては幸せだった。

タイムマシーンに乗って、二〇二三年三月一二日、浅草・東洋館の前に戻る。

「アブラーズ」のライブ開始前である。マルベル堂に行き、無事にトール、ユウジ、ナオユキのブロマイドを手に入れ、ホッピー通りから離れた路地の飲み屋で私はゆき実さんと乾杯した。

二〇二三年九月二一日、チェッカーズがデビューして四〇周年になる。まだその日までにずいぶん日があるが、気の早い私たちは、「四〇周年、おめでとうございます！」と言いながらグラスを合わせた。

お母さまの死が訪れたあと、お母さまとともに虐待をしていたという兄弟とのやり取りはどうだったんだろうか。LINEをもらってから、その話の続きを聞くことは避けていた。話したくなるときが来たら聴ければいい、と私は思っていた。

ライブの前に酔っ払って二人で話したのは、お互いの家族の話とはほど遠い内容ばかりだった。目の前に出されたお魚の刺身が美味しくて、ゆき実さんが「これ、何て魚？」と尋ねてきたので、店員さんに教わったとおり、「アブラボウズ」と教えた。

楽しい時間だった。「このあとがライブなんて最高だね！」と何度も言って、二人で笑い転げていた。幸せな家族というユ

昼からにぎやかなホッピー通り

メマボロシなどなくても、推しさえいれば、私たちは幸せに生きていける。酔っ払って気が大きくなったからだろう——私はそう感じていた。

お腹もいっぱいになり、さて、とばかりに、会場である東洋館の前に二人で移動した。「アブラーズ」のライブでは、開場前に整理番号順に入場パスが渡されて、席番号が知らされている。入場パスにつけられたストラップはトールがデザインした、とツイッターで事前に知らされていたので、受け取った途端に観客となる人たちは顔をほころばせていた。

私も早速、入場パスの黄色い紐を首からかけて待っていると、目の前を、昔からどうにもこうにも忘れようがない、まるで何年も連れ添って知り尽くしてきたかのように懐かしい、知っている顔をした人が東洋館の出入り口から歩いてきた。その人が来ている服を、私は今朝のツイッターで見ていた。青いラメラメのスーツ？「あ！」と気づいて、私は仰天した。

ナオユキだ！　後ろからユウジ、トールが歩いてくる！

「うわぁ！」と、これ以上は無理だというくらいに目を見開いて三人を見送っていると、トールがコップを持った手を口元で傾ける仕草をした。ライブの前に三

東洋館の入り口

人は、「場外楽屋」と呼ぶ近くの店にお酒を飲みに行くようだ。交番の前を抜けて、ドンキホーテの前の通りをずっと奥に進んでいく。じきに、三人の姿が見えなくなった。

ゆき実さんに振り返り、私は嬉しくて彼女に軽くハグをした。ユウジやナオユキはイベントやライブで顔を見ていたが、トールの姿を見たのは一九九二年、チェッカーズの解散ライブ以来だった。それも、こんなに間近で！ ずっと夢見ていたことが叶った。

「飲みに行くんだね。トール、飲みに行くっていうジェスチャーをしてたね！」

ゆき実さんが右手の人差し指と中指を伸ばして、顎《あご》を触ってから額を触る仕草をした。

「お酒の手話は、こう。でも、トールがしたみたいなジェスチャーも、手話でお酒っていう意味がある」

ゆき実さんの言葉どおり、私は右手を動かして「お酒」、杯を口に傾ける仕草をして、もう一度「お酒」と言った。

「うん。覚えたよ！ 忘れられないよ！ だって、こんなにステキな時間なんだよ。絶対、忘れられない」と言う私に、ゆき実さんが優しく言った。

「聴覚障がいがあるって言ってさ、手話ができないとか、どうやってコミュニケーションを取ったらいいのかって身構えるんじゃなくて、さっと何も言われなくても書くものを自然に出して、筆談すればいい。手話も筆談も、特別なことじゃないって思える世界にしたくて、私は『筆談&手話べり会』をしているんだ」

私がうなずくと、「会場に入る？　彼らを待っていてもいいけれども、迷惑になってもいけないし」とゆき実さんは言った。

四階まで続く階段を上って会場に入り、座席を確認した。ゆき実さんは、「よかった！　スピーカーの真横だった」と、とても嬉しそうな顔をした。


開演！

ナオユキとユウジが現れて椅子に座り、トールは椅子の横に立った。漫談あり、途中の話題にちなんだ即興で作曲された歌が披露されたあと、三人はそれぞれが選曲した昭和歌謡を歌った。そして最後には、チェッカーズ時代の曲を一人ずつ歌った。チェッカーズ時代には聴いたことがなかったトールの歌がとても上手いことに気づき、私は泣いてしまった。

ライブの最終曲になった。ステージの三人は熱っぽく、チェッカーズの『I Have a Dream #1』という曲を歌っていた。解散ライブで歌った、最後の曲だ。

私には夢がある。ゆき実さんにとっての夢は？　と考えたとき、彼女が最初に私に会ったときに渡してくれた、インタビューガイドを思い出した。キレイに並んだゆき実さんの文字が目に浮かんだ。

「今、希望になっていること、なっているものはありますか？」という質問に、ゆき実さんはこう記していた。

「筆談や手話で話しながらリラックスできる場所を作ること。すでに作られている先輩たちが希望です」

手話と筆談が自然にできるように、私もリラックスして手話を覚えよう。ただ、チェッカーズのことを話すときは、ゆき実さんの口《こう》話《わ》でのマシンガントークも聞きたいな。手話と筆談が自然にできる安心感を、私もつくれるように努力をしていきたいから。

二人で『NANA』の手話

一緒につくれた思い出の数だけ、消えない言葉が心に積もる。筆談でも、手話でも、口話でも、みんな一緒だ。だから私は、ゆき実さんとゲラゲラと大声で笑いたい。ゆき実さんとずっとこれからも、一緒にいたい。ずっと、チェッカーズも藤井フミヤも、アブラーズもF-BLOODも、力いっぱい、一緒に応援できますように。

私の夢はそんなところだ。**「きっと、叶うように」**――心のなかで私は歌った。

第 2 章

平和のはなし

―平和《たいらなごみ》さんとJUNにゃん夫婦―

©ハーモニー

1 なごむ

「偽善者ですね」

漫画家の水谷緑さんが書いた、「当事者の話を漫画で届けるということ」に出てくる言葉である。そのときの水谷さんは、リストカットをする女性から話を聞いていた。水谷さんが描いたラフを読んだその女性が、「偽善者ですね」と水谷さんに言った。その言葉を聞いた水谷さんは、次のように書いている。

「ショックだったが、確かに、話を綺麗にまとめるために、登場人物に綺麗事を言わせてたなと思った[1]」

ここで水谷さんの話を紹介したのは、本章で私が話を聞いた人たちが、水谷緑さんの取材を受け、リストカットの漫画で取り上げられているからである[2]。ここでは、その人たちを「平和《たいらなごみ》さんとJUNにゃん夫婦」と呼ぶことにする。

この章において私は、原稿を二回書いている。それは、最初に書き上げた第一稿を読んだ平和さんの夫であるJUNにゃんから「物言い」がついたからである。

私が「虐待サバイバー」を知ったのは、田村由美さんの『ミステリと言う勿《なか》れ』に出てきた「ライカ」という登場人物によってである。

ライカは解離性障がい（多重人格）によって生まれた人格だった。児童虐待の生存者で解離性障がいを併発するのは、ある論文の調査対象者のうちの五三パーセントだったという結果を私は見ていた。(3)

それでは、と、平和さんとJUNにゃんへの取材をしたあとに、二人が話してくれた多重人格を描こうと文章にした。しかし、平和さんの診断名は「境界性人格障がい」であって、「解離性障がい」ではないこと。そして、「障がいばかりにクローズアップして取り上げるのはいかがなものか」という、JUNにゃんからのメールが届いた。

そのときのメッセージのやり取りで、水谷緑さんの名前がJUNにゃんから挙げられて、話を聴くことになったわけだが、私に言いたかったことは、結局、こういうことだった。

「苦痛。他人から自分の行動を差配されることへの苦痛。すみませんでした」

「差配、というより、余計な口出し」

「差配、かぁ」、他人である私から自分たちの行動に「余計な口出し」をされることに苦痛を感じているのだと、JUNにゃんは私に言いたいのだ。けれども、差配って何だっけ？　あまり使わない言葉だな。私は、辞書で「差配」の意味を調べることにした。そこには、こう書かれていた。

（1）水谷緑（二〇二三）「当事者の話を漫画で届けるということ」『群像』第78巻第4号、一九七ページ。
（2）水谷緑（二〇二〇）『こころのナース夜野さん』第一巻、小学館。
（3）杉山登志郎（二〇〇四）「子ども虐待は、いま」『そだちの科学』第2号、六ページ参照。

差配
とりあつかうこと、世話をすること、指図することを意味する。
手分けして事務を取り扱うこと、所有者に代わって貸地・貸家などを管理すること。
このように「差配」には、役目がある人に代わり、その役目を行う、指図するといった意味があります。（「意味解説辞典」https://meaning-dictionary.com/より）

平和《たいらなごみ》さん本人からは、JUNにゃんのことは「相手にしなくてOK」というLINEが来た。でも、と私は思った。そうだよな。私は話を聞かせてもらって文章を書いているが、そもそも書かせてもらっているのは他人の人生だ。他人に書かれてしまった内容によって、自分や自分の大事な人の人生に「余計な口出し」をされたと感じたら……。そして、「自分の意にそぐわない」と感じられたものが公になったら、私だってたまらないと感じて抗議するだろう。

「あなたには書いて欲しくない」

そう言われて、立ち直るまでに時間がかかり、今でも忘れられないことが私にはある。

つくづく、人の話を聴いて書くための信頼関係を結ぶというのは難しいと思う。どんなに共感共苦しようと心を砕いても、選んだ言葉が字面《じづら》で伝わる温度差はいかんともしがたい。

けれど、これから私が書くことが、書かれた人の不都合な真実に決してなりませんようにと願いつつ、私は平和さんとJUNにゃんのお話を書きつけていくことにする。

☆★☆

東急世田谷線の線路が店内から見えるコンビニで、私は待っていた。

二〇二二年七月一六日、本書、『虐待被害者という勿《なか》れ――虐待サバイバーという生き方』のためのインタビューを開始した。第1章で紹介したゆき実さんと田中ハルとでインタビューガイドを何度も見返していたので、準備はできていた。実は、最初に話を聴いたのは、平和さんとその夫であるJUNにゃんである。

二〇二二年の夏はとにかく蒸し暑く、雨がずっと降っていた。どこに出掛けるにも、赤い折りたたみ傘が手放せなかった。雨もイヤだったが、連日、真夏日だと報道され続ける尋常な暑さにほとほと参っていた（七月一日には、六地点で四〇度超えが観測されていた）。そのうえ、緊張もあって私は火照《ほて》りきっていた。ぼんやりと眺めた外では、田中ハルとそのパートナーさんが平和さん夫婦を待っている。

虐待サバイバーにインタビューをするにあたって、私にはどうしてもイヤだし、避けたいと思っていることがあった。それは、話を聞いたうえで取り返しのつかないほど相手を傷つけることである。

七年ぐらい前、私に鬱病《うつびょう》と不安障がいという診断がついた。今も、恵比寿様と大黒様が同居しているようなありがたいお顔の先生がいる精神科に通っているが、そのときの病状はかなり酷く、私は誰彼なしに、聞いてくれるならばと、所構わず話をしまくっていた（これが鬱《うつ》の厄介な症状である）。

あるとき、私が信頼できると思っていた人に尋ねられたので話をした。鬱病、不安障がいだと診断されたことも、事の詳細も洗いざらい、聞き出されるまま素直に私は話をした。このとき、病気であるということを一番理解していなかったのは私だった。今は本当に反省しているし、恥じ入ってもいる。話を聞いたその人が私にこう言った。

「自業自得でしょ」

そのとおり。私が悪いから。そして、そんなにまでも私が悪いのかが納得できないから、こんなに病んでいるんですよ。

「その言葉に本当に傷ついた」とも言い返せないまま、結局、その人とは疎遠になった。クリスチャンである私は、これからも会うこともないだろうし、会ったこともないが、地獄の閻魔様《えんまさま》でもこんなに酷い仕打ちはしない、と私は思った。

私自身が断罪したかったことへの審判ではなく、私は話をただ聴いて欲しかっただけである。相手にしてみれば、不用意な言葉を発したにすぎなかっただろう。しかし、私の傷は深かった。

どんな状況になったとしても、相手に「自業自得でしょ」などと言ったこともないし、これからも言うつもりはないが、これからインタビューするテーマは児童虐待である。虐待サバイバーの考え方のクセとして、「明らかに自分が悪くないことであっても、すべて自分が悪いと感じて傷を深めることがある」と、私は田中ハルから聞いていた。

しかし、である。何気なく発した言葉から、「自業自得でしょ」という響きが伝わったらどうしよう？

「虐待サバイバーたちの今と虐待について」を初対面の虐待サバイバーたちに尋ねるということに、私は怯えきっていた。私はこれから起きるかもしれないし、実際起きることもなかった予想をしては結果を先取りして落ちこみ、さらに不安感を深めるという状況を繰り返していた。

そんな私を見かねたのだろう。平和《たいらなごみ》さんとJUNにゃんは、私のためになるならと、最初にインタビューを受けると言ってくれていた。そして、初めてのインタビューでしてしまうであろう多少の粗相は大目に見る、と言ってくれた。とはいえ、踏みこみすぎて、不用意に心なく傷つけてしまうことだけは避けたい。

細心に注意をするポイントを、できれば平和さんとJUNにゃんからのインタビューから探ることができたらと思い、最初のインタビューを平和さんとJUNにゃんにすることにした。

夕暮れ空がアスファルトに影を映しはじめた。

「平和さん夫妻が到着しましたよ」と、コンビニに入ってきた田中ハルが私に声をかけた。

コンビニを出て、線路を挟んだ貸し会議室の前に移動する。雨は上がっていたが、今にも泣き出しそうな曇り空だった。貸し会議室の前には、すでに平和さんとJUNにゃん、そしてインタビューの様子をカメラに収める田中ハルが集まっていた。

貸し会議室の隣家にオーナーが暮らしているということで、使用開始時間きっかりに私は呼び鈴を鳴らした。ロールスクリーンを上げてくれた親切なオーナーに招き入れられ、平和《たいらなごみ》さんは車椅子から降り、部屋の出入り口のすぐそばにあった黒いソファに腰掛けた。私と田中ハルがそのあとに続き、部屋の奥に設えられたダイニングチェアに腰掛けた。

立ち上がった田中ハルが、エアコンを探してスイッチを入れた。平和さんの車椅子を慣れた様子で手早く折りたたんだJUNにゃんだが、ロールスクリーンを降ろすのには手間取り、平和さんの隣にやっと腰を下ろした。

貸し会議室で全員が着席したところで、私は三軒茶屋にある東急ストアで買った五〇〇円程度のお弁当を並べた。トリュフソースの牛ステーキ弁当が一つ、豚チャーシュー弁当が二つ、鶏きじやき弁当が二つだ。まずは腹ごしらえ、である。

「好きなお弁当を順番に選ぼう」と言うと、平和さんは私の予想どおりステーキ弁当を選んだ。そのあとに、JUNにゃんがチャーシュー弁当、田中ハルがきじ焼き弁当を選んだので、私はチャーシュー弁当を選び、残りのきじ焼き弁当を田中ハルのパートナーさんにプレゼントした。

田中ハルは電車が苦手である。そんな田中ハルを気遣い、パートナーさんが貸し会議室のある駅まで同行してくれていた。二人が並ぶと、幸せがそのまま表情に宿るくらいとてもお似合いである。

パートナーさんが、「インタビューが終わるまで、別の場所で時間を潰してくる」と言った。田中ハルは、集中力が切れるので撮影時には何も食べない。そんな田中ハルが、二人分のきじ焼き弁当を大事そうにしまっていた。「あとで、二人でいただきます」と言う彼の笑顔を見て、私は二人から幸せのお裾分けをもらったような気がした。

「で、だよ……」

ステーキとチャーシューを頬ばっている平和さんとJUNにゃんに、私はオープンダイアローグの「リフレクティング」について次のように説明した。

「リフレクティングっていうのがあるらしくて、『話すことと聞くことを分けて、それらを丁寧に重ねるための工夫』なんだって。『誰かが話しているとき、聞いている人は聞くことに徹する。何と答えようとかとか、次に何を話そうかとか、考えながら聞くのではなく、ただ聞く。話す人も、自分が話しているときに誰かに遮られたりしないことを知り、安心して話したいことを話す。そのように話すことと聞くことを分けると、自然な会話が生まれてくる』らしいんだよ(4)」

「ほう」

平和さんが打ついつもの相づちだ。JUNにゃんはというと、黙って聞いている。二人の表情を確認し、「つまりね」と平和さんの目を見て私は話を続けた。

(4)　森川すいめい（二〇二一）『感じるオープンダイアローグ』講談社現代新書、八五～八六ページ。

「私は、気の利いた質問をしようとか余計なことは一切考えないで、話を聴くことだけに集中する。二人が話したいことを話したい分だけ話せるように、私はずっと聴いている。でも、話の流れで、ついツラくなりすぎることまで話してくれようとしちゃうのではないだろうかと心配してる。無理に全部を話さなくていい。サービスもドラマも、いらない。ツラそうだって思ったら声をかけるよ。それでもツラくさせたらごめん。話が終わったらいつもどおりハグしようね」

私の言葉に平和《たいらなごみ》さんは「わかった」と言い、JUNにゃんは伏し目がちにうなずいた。

平和さんとJUNにゃんは、インタビュー前にお願いしていたインタビューガイドの答えを原稿用紙にまとめてくれていた。その原稿用紙と同意書を、平和さんが私に手渡した。平和さんのものにはコロコロした丸い文字が、JUNにゃんのものには、何度もこれまでに見ていたから今はスラスラと読めるクセの強い文字が並んでいた。

私は鞄に手を突っこみ、急いで取り出したiPhoneのボイスメモのスイッチを入れた。

2 やわらぐ

JUNにゃんと平和さんは、世田谷区にある就労継続支援B型事業所「ハーモニー」（iiiページ参照）に通っている。そこで二人は出逢い、結婚したという話は、拙著『孤独死の看取り』（新評論、二〇一五年、一四〇ページ）で書いている。

ハーモニーのミーティングルームにいるときの平和さんは、お茶の間の主という風情だ。笑うと目が真一文字に細くなり、機嫌のいい猫みたいな顔になる。機嫌が悪いときは、猫背の背中がさらに丸くなる。

そんな平和さんを、旦那さんのJUNにゃんが初めて見たときにこう思ったそうだ。

「髪がメチャクチャ派手で、力強い人がいるなと思って」

JUNにゃんは、平和さんの第一印象を「力強い」と思っていたのかぁと思ってメモすると、「力強いじゃなくて、近寄りづらいだよ」とJUNにゃんから突っこまれた。通常はのんびりしているJUNにゃんに突っこまれたこと、そして聞きまちがえたことが面白くて、平和さんと私は大笑いした。

「平和さんは、どうしてハーモニーに行くようになったの？」

そう尋ねると、以前は別の場所にあったハーモニーに行くのがとてもイヤで、訪問看護師さんに両手をフォークダンスのように握ってもらって通っていたとのこと。当時の

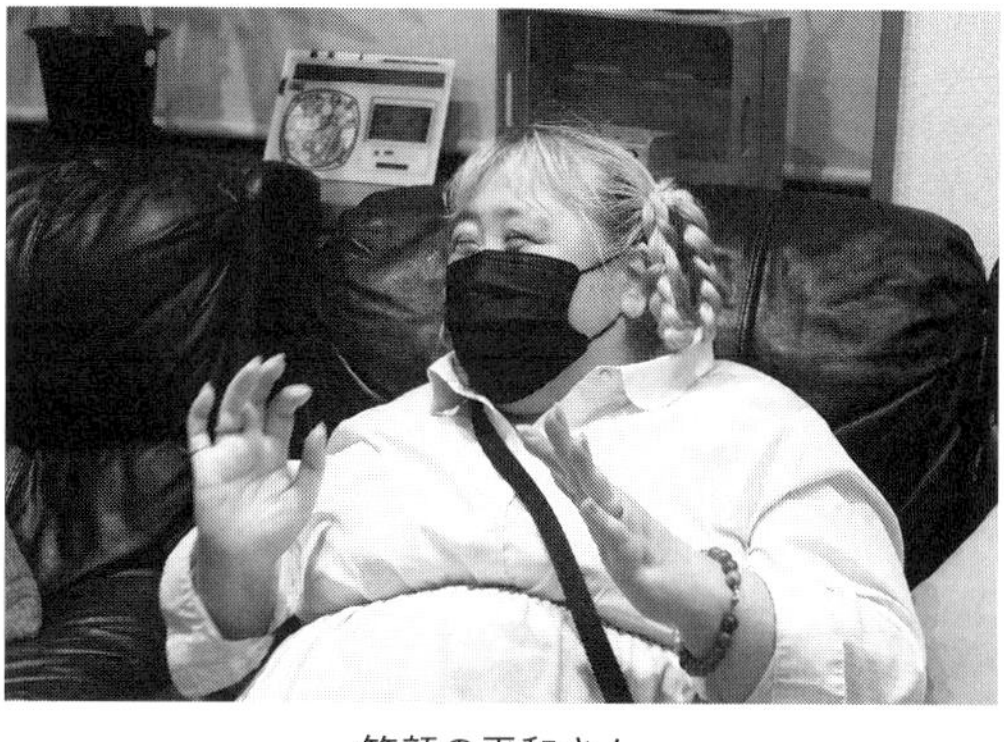

笑顔の平和さん

訪問看護師とは、二回、富士急ハイランドまで機動戦士ガンダムのために出掛けたとのこと。そして、その当時に使っていた携帯がガンダム仕様だったことをJUNにゃんが教えてくれた。

「このときには虐待の幻覚――小さなオジサンの幻覚とかもう見ていたの？」

平和《たいらなごみ》さんは首をひねって、「どうーだったたろうー？」と言った。その様子を見てピンときた私は、「自分がされていたことが虐待だって、気づかなかった？」と尋ねた。平和さんは「そうそうそう」と答えた。

――なぜ、虐待だって気づけたの？

平和　世間に流布されているテレビ番組とか？

――どんなテレビ番組？　覚えてる？

平和　覚えてない。ワイドショーみたいな感じでさ、たまに特集されるじゃん。ああいうのを見て、「ほおうー！」と他人事のように見てた。で、「あれえー？」って、ある日思って。ひょっとするとひょっとするぜ、おいおいって。

――どのへんで「ひょっとする？」って思ったの？

平和　繰り返し見てて。

「最近の例で言うと、ヤングケアラー（young carer）そのものだった」

話を聞いていたJUNにゃんがそう言った。「何か、小学生のころから家事を担っていたって。担っていたというか、担わされていたというか……」

――どういうふうに？　それはいつから？

平和　ん？　家事全般、私の仕事。小学校二年生。

――ええ？　母親は何してるの？　父親は仕事？

平和　具合悪いとか言いながら、テレビを見てる。父親は、仕事かどうかわかんない。

思い出してきたのだろう。平和さんの意識が朦朧としはじめているのがわかる。

「あのー、話をしていて具合が悪くなったら、ちゃんと具合が悪くなったって言ってね」

私がこう言うと、平和さんもJUNにゃんも大笑いしながら、「はい、言います」と答えた。

――お母さんも病気だったの？

平和　うちのお袋は、被爆者。

――ひばくしゃ？　それで具合が悪いって言っていたのか。

平和　被爆者、ヒロシマの。うん。

――お母さん、いくつ？

平和　え、もう死んだ。いつ死んだか忘れた。

――いい、忘れて。いくつまで生きていた？　それも忘れた？

平和　（ウンザリしたように）わからない、忘れた。

「大正の生まれじゃなかったっけ？」JUNにゃんが助け船を出してくれた。

平和　そう。私の、四五歳上。

――ということは、四五歳のときの子ども。今、いくつだっけ？
　きょうだいは？

平和　私は五六歳（ということは、平和《たいらなごみ》さんのお母さんが生きておられたら一〇一歳、大正一〇年生まれ：筆者補記）二〇歳離れたお兄ちゃんがいる。

「音信不通らしいですけど」と、JUNにゃんが教えてくれた。平和さんの呼吸が見るからに苦しそうだった。地上にいるのにもかかわらず、まるで見えない水があふれ出し、平和さんがどんどん水底に沈んで溺れていく様子を見ているかのようだった。

「大丈夫？　もういいよ。話をしなくても」と私が言うと、「大丈夫」と平和さんは返事をした。

虐待と母の記憶に苦しむ平和さん

● *Column* 被爆者 ●

日本原水爆被害者団体協議会編（2021）『被爆者からあなたに――いま伝えたいこと』（岩波ブックレット1048）は、原爆被害の実相、被爆者としての人生を、日本被団協が1985年秋から1986年春に実施した「原爆被害者調査」からまとめている。同調査に対して、原爆生存者13,168名、220名余りの非被爆遺族からの協力が得られ、原爆死没者数は12,000名余りに上ったと同書に示されている。

1945年８月６日広島、８月９日長崎から被爆者は次々と亡くなり、８月末には「原爆症」が死因の60%を占めた。原爆の放射線による急性症状は発熱、下痢、嘔吐、出血（紫斑）、口内炎、脱毛、頭痛、腹痛、意識障がい等であった。人々は自分の周りを見つめながら、今度は自分の番ではないかという死の恐怖に襲われ、その恐怖に苛まれながら亡くなった。

多くの被爆者は、「被爆を境に病気がちになり」、「病気とのたたかいの日々」を送らされ、「原爆症の不安・恐怖におびえ」、死に至るまでの苦しみはさらに、「肉親の死に生きる支えを失って」、「思うように働けない」、「被爆後、生活が苦しくなって」、「あの日の体験に苦しめられて」、「子どものことを心配して」など、人間生活のあらゆる局面にわたって苦しむことになった（同書、12～13ページ）。

広島にかかるキノコ雲　撮影：ジョージ・R・キャロン（1919～1995）

ダメだということである。沈黙が続くなかで、踏切の音が聞こえた。

「大丈夫だよ、あとでハグしようね」

平和《たいらなごみ》さんは、「ハグ、して」と答えた。

「大丈夫だよ、私はいつも一緒にいるから」

そう言ったあと、私はインタビューを再開した。平和さんの顔を見ながら尋ねた。

――今、何を思い出して苦しくなったの？　お母さんの顔？
平和　……お母さんの、後ろ姿。横になってテレビを見てる。
――その後ろ姿を、平和さんはいつから見てる？
平和　もうわかんないくらい、ずっと小さなときから見ているよ。
――平和さんも広島生まれなの？　お父さんは？
平和　私は東京生まれ。お父さんは……満洲。

平和さんの呼吸が浅く、息がどんどん上がっていく。これ以上、家族の話は聞けないと思った。ヒロシマ、被爆者、満洲――哀しい記憶であることはまちがいなさそうだ。

平和さんの肩をさすり、私は「大丈夫、大丈夫だよ」と繰り返した。繰り返しながら、幼い平和さんがずっと見ていたという母親の背中を思い浮かべていた。

だるそうに横になって、テレビを見ている背中。振り向かない背中。呼ぶことなどはとうに諦めて、自分がその場にいないかのような、半端も容赦もない、まったくの見捨てられ感と、聞かない背中。

平和さんの母親の背中を想像したとき、とてもクリアに平和さんの背中が目に浮かんだ。女の子というのは、どこかしら、娘の自分から見て絶対に嫌だなと思う母親の部位を遺伝的に受け継ぐものだ。体型、性格、行動パターンとなるとなおさらだ。ここまで背中が似ているように見えるということは、きっと平和さんはこの背中が凄く嫌なんだと思った瞬間、私の目の前に怯えきった平和さんがいた。

聞かない背中をいつまでも見ている小学校低学年の少女。震えている。深く悲しみ、そして怒っているように見えた。

基本的に、平和さんはJUNにゃんと私の前にいるとき以外は無表情だ。笑っていても、私を気遣う笑い方をする。私が怒ったり泣いたりすると、私以上に怒ってくれる。自分以外の誰かを優先して平和さんの表情はできている、と思えることがある（それは、愛？）。

しかし、このときの「聞かない背中」を前にした平和さんの表情は、今までに私が見てきたなかでもっとも表情が豊かで、一番人間らしいと思った。私とともにいる現実での平和さんは、「聞かない背中」の妄想に取り憑かれたように黒いソファにへたりこんでいた。

何というのか、平和さんをこのまま放っておけば、生気がすべて抜けていきそうだ。元の大きさの三分の一くらいに縮こまったように見えてきたところで、「大丈夫だよ、平和《たいらなごみ》さん。あとでハグしようねぇ」と声をかけると、普段の大きさまで生気を吹き返してきたように見えた。（ああ、この「聞かない背中」の話が、平和さんの生い立ちのなかにおける地雷のようなものなのだ）と、私は思った。

3 あえる

……あれぇ、ここどこだ？ 私が持っているのは何？ これは、トレイ？ と、「正気に戻った場所が精神病院の食堂だった」と平和さんは言った。

高校を卒業後、平和さんはアニメーションの有名専門学校に行き、そこで講師をしていた著名すぎる平仮名の名前のアニメーション監督に、「君、面白いねぇ」とスカウトされた。監督に誘われて出掛けていったその会社で、監督とずらりと並ぶ重役面接をパスし、トントン拍子で就職。その会社では「制作進行」（平和さんは「雑用だ」と言った）を担当していたという。

二年後、平和さんは某映画会社の下請け会社に異動し、誰もが知りすぎているテレビアニメの彩色（セル画の色塗り）を担当した。その後、独立し、東京・赤坂に事務所を構えた平和さんは代表取締役に就任した。慌ただしい執筆業に勤しむ毎日となった。

その間の心境について、平和さんは次のように原稿用紙にまとめてくれていた。

――高校卒業後、逃げるように実家を出て、あえて実家を封印して生活していました。思い出せば辛いんだと、無意識に避けていたんでしょう。

時は流れ、バブルが崩壊すると平和さんの仕事は激減し、赤坂の事務所も自分で解約した。そのころ、平和さんは四〇歳。心療内科に通いはじめ、精神病院にも即入院。入退院を繰り返したが、そのあたりから「三年間の記憶がまったくない」と平和さんは言った。

その後、平和さんとJUNにゃんは、前述したように、東京の世田谷区にある「ハーモニー（就労継続支援B型事業所）」で出逢った。JUNにゃんは、現在四三歳。平和さんの一四歳年下である。優男《やさおとこ》で、儚《はかな》げで、シュタイナー理論に拘泥する永遠の少年のようなJUNにゃんだが、平和さんのことになると俄然、底力を発揮する。そして、平和さんと同じく、凄まじい虐待サバイバーである。

JUNにゃん　オヤジに関しては、おそらく昔の人なら子どもをこんなふうに扱ってもおかしくないだろっていう躾方《しつけかた》をされて。平成の今（令和ならもっとなおさら、という意味：筆者補記）ならその育て方は虐待だろ？　っていう感じで。

――どういうこと？

JUNにゃん　オヤジを怒らせると、足首を両手で持たれて、住んでいたマンションの三階のベランダから逆さ吊りにされるんですよ。説教のときは、わざわざ屋上に連れていかれて、ヘリのギリギリのところに座らされて、「いつでも、俺はお前を落とせるぞ」って。

――怖ッ！　そういうとき、お母さんは何してたの？

JUNにゃん　知らぬふりして、家事。弟妹は親の言うこと聞いて育ったんですけど、オレはできなくて、そういうことが。何をやってもどこかに否定者がいるような。だから、復讐のやり甲斐があるっていうか、残念ながら、親たちへの復讐は自分の将来を台なしにする以外になくて……。

JUNにゃん

話は進み、二九歳からJUNにゃんはハーモニーに通いはじめた。出逢った平和《たいらなごみ》さんと結婚するまでのいきさつ、つまり平和さんの部分人格たちとの遭遇が話題に上った。

平和　幼児後退したのよ、ある日。三歳ぐらいまで。訪看さんも、ヘルパーさんの顔もわかるんだけど、名前がわかんない。新ちゃん（ハーモニー所長の新澤克憲さん：筆者補記）はわかったけど。なぜだか、ぽっぽちゃんと話をするんだって強く思いこんでいて。

JUNにゃん　ぽっぽちゃんって、新澤さんの子ども。

平和　それが三、四日とか続いたかな。そのときに別人格が現れちゃって、部下A《あー》とか言って。

——ぶか？　上司、部下の部下？　あー？

平和　Aって書いて「あー」。「エロイカより愛をこめて」（青木保子『エロイカより愛をこめて』一九七六年～、秋田書店）、ですよ。

——ああ、そうか。JUNにゃんは、部下Aを知ってるの？

JUNにゃん　喋ったことがある。部下は本音担当で。

——本音担当？　すごーい！　本当に、部分人格って出てくるんだね！

平和　私、知らないけど。

——それはそうだ。それで？　って、JUNにゃんに続きを聞いたほうがいいのかな。

JUNにゃん　そのころ、急に雰囲気が変わった状態でこう言われたんですよ。「私と結婚してくれる？」って。

——（平和さんに向かって）部下Aが言っちゃったの？

平和　らしい。（まったく記憶にゃ、ございませんといった表情で）

JUNにゃん　それで、「ああ」って答えたんですけど……。

——それで、「ああ」って答えたの？（部下Aに「ああ」って、「ダジャレか？」と私は思いながら）

JUNにゃん（照れくさそうに）何だかんだ言って同じもんだと思ってるから。一人の人間としてこっちは見てたんで。よくわからないけど、どうも、幼児後退の名残のような人格もあるし、普段用の人格もあって、押しの強い部下A《あー》がいて。ボクの見立てでは、もっと怖いのがいたんですけど。喋ったことはないんだけど、存在している気がする。何かが……。

――（平和《たいらなごみ》さんに）でも、全然覚えてないんでしょう？何がきっかけで四人になっちゃったかもわからないんでしょ？

平和（とても小さな声で）覚えてない。わからない。でも、いつの間に減っちゃって、一人になっちゃったしね。（JUNにゃんに向かって）今はないよね？

JUNにゃん ない。あるとき、昔から知ってる、ムカついている人がいて。「気分、悪《わり》ぃ」って言ってて。普通の反応が見られるようになった（それは普通の、平和さん本人です：筆者補記）。そのムカついている人が、その人

JUNにゃんと平和さん

のままでできることがいろいろ増えていって。そのころ、小さいオジサン（の幻覚：筆者補記）が見えるようになっていって。四人の人格と小さいオジサンについて話したけど、結局、小さいオジサンの正体はわからなかった。

——え？　四人の人格と小さいオジサンの平和さんの幻覚について話したの？　何でそんなに面白いことが、この二人の間に起きているんだろうね。それでも、JUNにゃんの気持ちは変わらなかったんだもんね。平和さんを嫌いになったことはないの？

JUNにゃん　なぜか、ここにいられなかったらオレは終わりだっていう本能のようなものが発揮されて。オレが逃げたら、この人はまた死に向かっていくんじゃないかって思って……。そう言ったのを、ハーモニーのメンバーの誰かに告げ口されて。本人から凄い抗議の電話がかかってきて。

——あ、そのときはまだ一緒に暮らしてなかったんだね。まだ二人は付き合ってもいなかったんじゃない？

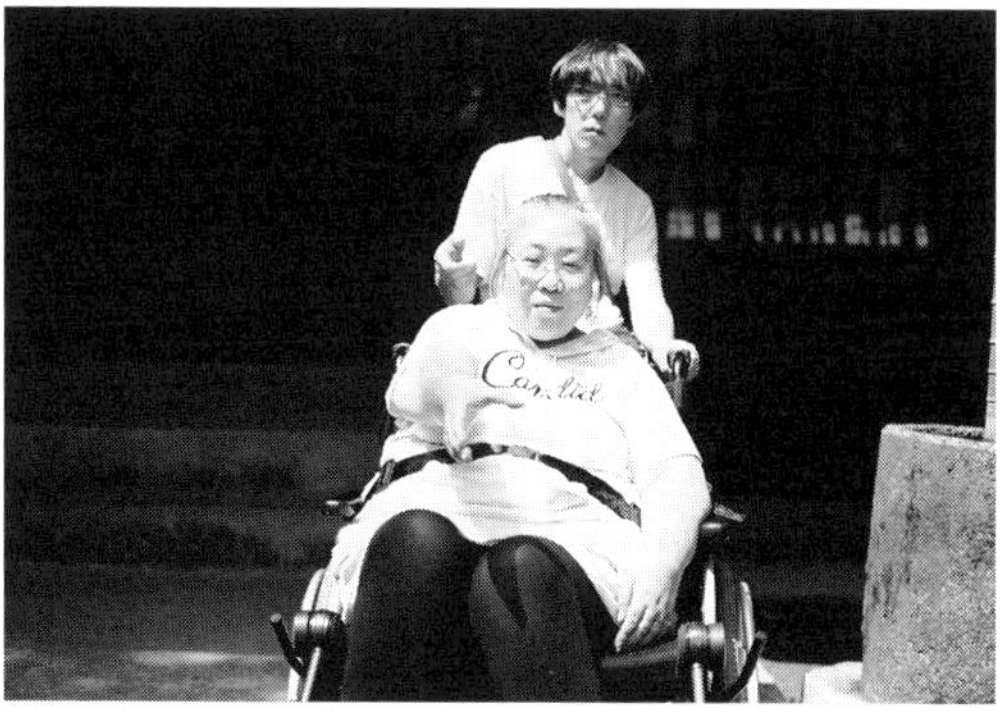

手を差し出すJUNにゃんと平和さん

JUNにゃん ……それで、「いや実は…………好きです」みたいな感じになって。いや、○△◆◎□▲☆▲（照れてしまって、何を言っているのか聞き取れない）ツンデレ？　○△※◆＊◎□▲☆※△……（もはや、何を言っているのかまったくわからない）アハハハハ。

JUNにゃんの隣でニコニコと笑い、「私は今、とても幸せだよ」と、平和《たいらなごみ》さんが言った。

4　のどまる

「よくなってるよ、私」

平和さんはしっかりと、私にそう言った。

「本当に、二人は出逢えてよかったね」と、平和さんとJUNにゃんに私は答えた。

――それで、田中ハルの「虐待サバイバー写真展」をどうやって見つけたの？

平和　facebookでたまたま見かけて。で、虐待サバイバー写真展のホームページで、写真を全部見たのよ。で、メッセージも読んだの。そしたら、モデルの人たちがいい表情をしていて、いい文章を書いていて。私も、そろそろ過去にしないといけないかなーって思って。

――あの写真、私も好きよ。二人がとても可愛くて。

JUNにゃん　あの写真を撮るときは、部下A《あー》がまた戻ってきたような感じで。相談も全部抜きで、写真を撮ってもらうことも、もういつ会うとかも、段取りもすべて決まってた。

――自分の写っている写真見て、どう思った?

JUNにゃん　(しばらく考えこんで)……今思ったのは、車のエンジンがかかったような感じ。何かが走り出してしまったような感じ。

――その「何か」って、何だったの?

JUNにゃん　新しい、人生の展開が。また何か、避けられない何かがはじまってきたぞ、っていう。

――凄い!　平和さんはどう思ったの?　撮ってもらったあとはどんな気持ちだった?

平和　うーん。……過去にできたかなって。うん、さっぱりした。

ふと田中ハルの顔を見ると、真っ赤な顔で感激して、今にも泣き出しそうになっていた。

JUNにゃん　そのあと、新澤さんが調子に乗っちゃって。AbemaTVに出るのに、平和さんの小さいオジサンの幻覚の再現VTRが欲しいからって新澤さんが言ったら、うちのオヤジが調子に乗っちゃって。平和さんの義父だってのに、実父役でうちのオヤジが、その番組で使われた再現VTRに出たの。テメェが一番何してんだよ!　って。⑤

自分の家族の話をすればすぐに意識が遠のいていく平和《たいらなごみ》さんであるが、JUNにゃんと二人で生きてきたこれまでの話になれば、とても楽しそうに大きな笑い声を立てる。とても仲のよい二人であるが、別れの危機もあったようで、二人でそれを乗り越えてきた。

JUNにゃん　喧嘩したらOD（オーバードーズ）をはじめて。（平和さんが：筆者補記）キレて、いっぱい飲むと死んでしまうと言われている、今は製造されてない薬を飲みはじめて。これはもう最後まで止まらない、最後まで付き合うしかないって。ああ、もう覚悟しようって思って。コーヒーを淹れて二人で飲んだら、コロッと寝てしまって。それから三日間、意識なかった。（そのまま平和さんは入院することになる：筆者補記）で、オレは病院に泊まりこんで長丁場の勝負だって思ったから、自分の薬を持っていって、起きるの待ってて。そのときは正式な続柄はなかったんだけど、婚約者っていうことで通して。

平和　そういうことを繰り返してきて。親からもらった大事なカラダだから、傷つけてきた。どーだ、どーだ！　って。

そろそろ、インタビューをはじめてから二時間が過ぎようとしていた。時刻を確認すると、貸し会議室を借りている制限時間が迫っていた。これまで、黙って話を聞いていた田中ハルが、静かに自分の話をしはじめた。

田中　大人になってから、自分もあれが虐待だって。自分も四〇歳になってから気づいて。だから、（平和さんの話を聴いて：筆者補記）ああ、そうだよなって。

平和　比べる人がいないじゃん？

田中　そう、比べない。そうそう。

平和　当たり前に、日常的に繰りされているから。どこの家も、こうなんだろうなぁって思っちゃう。だから、逃げるという発想がなかった。

JUNにゃん　オレは実家にいたとき、こんな人のなかにいたら生きられない、殺されてしまうって思ったから家を出たんだけど。振り返ると、普通じゃないいんですよね。

平和さんとJUNにゃん、そして田中ハルもお互いの話に強くうなずきあっていた。

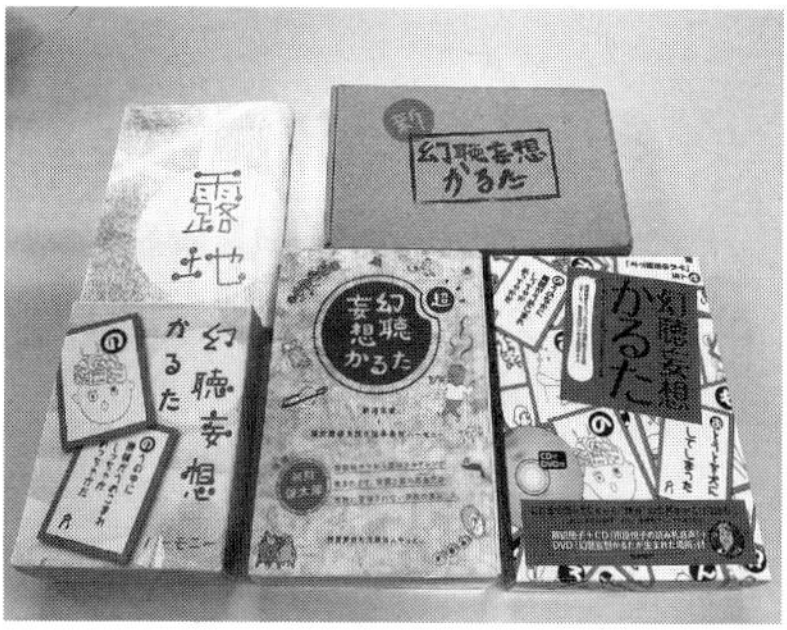

「幻聴妄想かるた」

（5）AbemaTV のアーカイブ視聴は、現在、できなくなっているが、「幻聴妄想かるた」と「ハーモニー facebook」に関連記事がある。（https://www.facebook.com/harmonysetagaya/posts/2531928010213137/?locale=de_DE&paipv=0&eav=AfY_PkqrHBQZzCVmqJQPTiCubOM24BklAp8HWzXZGMB0NaQR4DqLJLsV7dhbmTQcrA&_rdr

来る日も来る日も、当たり前に繰り返される家での日々。自分を傷だらけに切り刻んでいても、自分が被害者であることを気づけずに、大人になってから気づくという虐待。

生き延びている今、互いに笑いあえることがどれほど貴重で凄いことなのか。私は三人の話に「そうかぁ」と言ったまま、続ける言葉が出てこなかった。

平和《たいらなごみ》さんが「さやか」と私を呼んだ。「ハグ」と平和さんは言って、腕を私に伸ばした。私は平和さんを抱きとめた。大事に大事に、私は平和さんを抱きしめた。

5 なぐ――ディズニーランドとかぼちゃワイン

その後、平和さんとJUNにゃんに会ったのは二〇二二年九月二一日だった。指導していたゼミ生(四年生)の一人が、「東京ディズニーランドのバリアフリー」を卒業研究のテーマにしていた。私はまず、先行文献で障がいへの配慮をできるかぎり調査すること(聴覚障がいへのサービスは知って驚くことが多かった)、そして、実際に車椅子ユーザーとパーク内を回り、介助をしながらバリアフリーの現状を調査するというのなら研究テーマにしてもいいという条件を出した。するとゼミ生は、目を輝かせて「やります!」と即答した。

現在、私の知り合いであり、東京在住の車椅子ユーザーを思い浮かべてみた。その願いを叶えられるのは、今や、ここに登場した平和さんしかいなかった。ほかの車椅子ユーザーの友人には、すでにお亡くなりになっていたり、音信不通だったり、骨折中だったり、ご家族が入院中という人もいらっしゃった。友人もまた年をとっているということだ。

そこで平和さんにお願いし、東京ディズニーランドまで私の車で行くことにした。しかし、私の車はとても小さく、車椅子を積めるだけのスペースがなかった。そこで、東京ディズニーランドの車椅子を借りるという案を思いついた。

ディズニーランドの入り口で「車椅子を使います」と言うと、目印の紙をワイパーに挟んでくれて誘導される。車を停めて車椅子を借りに行く。しかし、見回しても案内所がない。園外にある植えこみの整備をしていた女性スタッフに私は声をかけた。

「車椅子を借りたいんですけれど、どうしたらいいでしょうか？　車椅子が借りられるということだったので、家に車椅子を置いてきたんですが……」

スタッフは、手荷物検査場の近くにいたスタッフに相談したあと、私を案内してこう言った。

「すみません。車椅子とベビーカーの貸し出しはパーク内にあるんです。介助者のお客さまだけが先にチケットで中に入って、車椅子を借りていただきます。出口で再入場のスタンプを手に押したあと、車椅子を車のところまで持ってきていただくことになりますが……」

と話したスタッフが首を傾げた。

「っていうのも、おかしな話ですよね。駐車場で車椅子が借りられなければ意味がないですもんね。必ず、このことは上に伝えますね」

「ありがとうございます。私も、ディズニーランドに伝わるように何か書きますね」

丁寧にお礼を言ったあとにこう答えて、私はパーク内に入場することにした。

手荷物検査を終えて、入り口で事情を再び説明する。

「お待ちください」と言ったスタッフがインカムで誰かと話している。そのスタッフが私にこう言った。

「今、上の者に事情を話しました。特別に、お客さまだけご入場ください。チケットはお持ちですか？」

ゲートにＱＲコードをかざすと、「進入禁止」のマークが音とともに出た。介助者の分も障がい者と同じ料金になっているためである。

「ご本人さまはどちらにいらっしゃいますか？　手帳をお見せいただかなければなりません」

言ったはたからスタッフは赤面していた。

「車にいらっしゃるんでしたね」

あたふたするスタッフがとても不憫に思えた。

入り口を突破し、デイジーとプルートがお出迎えしているそばを通り抜けて私は車椅子を借り、駐車場に戻って平和《たいらなごみ》さんとJUNにゃんを連れ、ミッキーマウスの扮装をしたゼミ生と合流し、やっとディズニーランドに入場することができた。

この日はシルバーウィークで、園内は大盛況だった。ハロウィーンの期間だったので、ディズニーのキャラクターたちのコスプレでマスクをした人たちでごった返していた。新型コロナに感染という心配や恐怖など「どこ吹く風」のようだった。

結果から言うと、その日はとても楽しかった。美女と野獣のアトラクションにある「ゆっくり乗れる乗り場」には、そこにしか入れない人が見つけられる「隠れミッキー」と介助者用のベンチがあった。パレードを見るにも車椅子の専用スペースがあり、パレード中のミッキーもミニーも、平和さんがつけていたカチューシャが似合うと褒めまくってくれた。

また、船に乗れば、地下鉄で使うようなスロープを出してくれて、車椅子でそのまま乗船することができた。

「でも、東京ディズニーランドはバリアフリーではないね」

これが、平和さんとゼミ生と私の結論だった。たとえば、ビッグサンダーマウンテンのような乗り物には、「ゆっくり乗れる」という乗り場はない。入り口までの通路も細いので、車椅子では列に並べない。

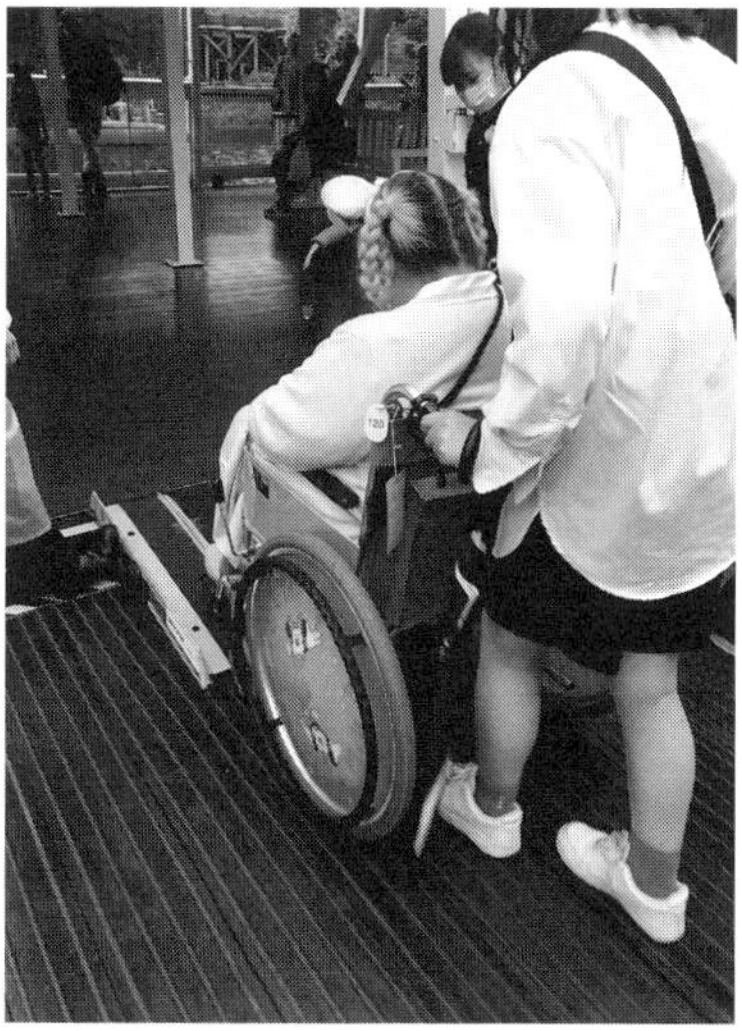

車椅子で乗船

乗るためには二つの方法があって、普通の入り口から入ってなだらかな坂を歩いて乗り場まで行くか、または出口から入って、途中で車椅子を置いて二〇段の階段を上るか、である。もちろん、脚が不自由だからと平和《たいらなごみ》さんは諦めた。

「山だからね。夢の国だって、山は歩いて登るのが普通なんだよ」と私は言った。

ピーターパンでは、乗り物自体を止めることができず、普通どおりに「二〇秒以内で乗降するように」と言われた。制限時間中の移乗は難しそうなので、こちらも諦めた。ピーターパンは開園当初からある乗り物であるためかな、とも思った。

困ったなーと思ったことが確かにあった。ユニバーサルデザインのトイレだ。入るのにとても待たされた。やっと中から出てきた人たちは、ようやく紙パンツで自由に歩けるくらいの女の子とお母さんだった。

トイレを済ませるための時間よりもはるかに長い間、トイレのドアが開かなかった。だからきっと、トイレの中で子どもにコスプレの着替えをさせていて、時間がかかっているのかなーと思っていた。トイレから出てきた女の子のお洋服が、プリンセスや妖精だったならば腹も立っただろう。けれど、母娘はただトイレを済ませて出てきただけのようだった。

自分が用を足している間にどこに行ってしまうか分からない子どもといっしょに、ゆっくりと安心して用を足したい。それも育児中、歩きはじめたばかりの活発な子どもをもつ母親の本音だろう。「ゆっくり用を足したい」ということ自体が、小さい子どもがいるときの夢であったりもする。

実際、トイレの表示には「車椅子マーク」と「ベビーベッド」の表示などがされているのだから、使い方にまちがいはない。しかし、だ。デザインがユニバーサルすぎるのも考えものだ。モヤモヤとした気持ちをもて余しながら、平和さんをトイレの中へと案内した。

平和さんの車椅子を押していて気づいたのは、車椅子に乗っている人の多くが家族連れのおばあさんであったことだ。盲導犬も、視覚障がい者が使う白杖《はくじょう》も、寝た状態で使用する車椅子も見なかった。孫の喜ぶ顔を見ることができる以上の魔法が、車椅子に乗ったおばあさんたちにもかかっていたらいいなと、疲れが滲む表情を見ながら思った。

平和さんの車椅子を押していたとき、進む先にきれいな女の子がいた。車椅子の邪魔になったらいけないと、彼氏が思ったのだろう。そのきれいな女の子の腰に手を回し、彼氏が素早く抱き寄せていた。車椅子はまったくぶつかりそうにもなかったが、まあここは夢の国だからね、ロマンチックも必要なのでしょう。難なく通りすぎることができた。

ラブラブなカップルさんたちを見て何かが心に触れたのか。平和さんが、小さなくまのプーさんのバッジを見つけて「可愛い」と言ったとき、JUNにゃんが「買ってあげる」と言ってプーさんを手にしてレジに向かった。すでに夫婦だけれど、まるで恋人同士のように甘い雰囲気が店内にあふれた気がした。いつもはあんなに現実的で、醒めきった平和さんの目が、「JUNにゃん、カッコイイ」とハート型になっていた様子がほほ笑ましかった。

平和さんとJUNにゃんは、「家族で東京ディズニーランドに来たことがない」と言った。そんな二人とゼミ生を連れて、私は東京ディズニーランドのなかを平和《たいらなごみ》さんと手をつないで歩いた。平和さんは、「さやか、愛してるよ」と何度も言った。場所のせいだったのだろう。その言葉は、「ママ、大好き」と言っているかのように私の耳に届いた。

ゼミ生とは東京ディズニーランドで解散し、私は平和さんとJUNにゃんを二人の家まで車で送った。玄関前に到着すると、JUNにゃんが車椅子を取りに行った。

みんなで記念写真

私の介助を支えに、車のドアを手すりにして立ち上がった平和さんは、「さやか、ハグ」と抱っこをおねだりした。おやすみの抱っこだね。よい夢を見てね。そう思いながら、平和さんの前に立った。

背が高い平和さんの腰に私は腕を回して、彼女を抱き寄せた。

「細ッ！」

車椅子でいつも座っている姿しか知らなかったが、何と平和さんは外国人体型だった。巨乳で私よりもずっとウエストがくびれていた。えええええー！　と驚きつつ、（なんだよ、平和さん。私よりも全然いいカラダ、してんじゃねぇか）と思った。

　私の横では、平和さんが移乗しやすい場所に車椅子を置き、ブレーキがしっかりかかっているかどうかとJUNにゃんが几帳面に確認していた。

　そういえば、JUNにゃんは昔のアニメ、『The♡かぼちゃワイン』（原作・三浦みつる、テレビ朝日系列）が好きだと言っていた。

　かぼちゃワインに出てきたヒロインの女の子は、とてもグラマラスでウエーブがかった髪の毛が腰まである可愛い女の子で、「エル」というあだ名だった。平和さんは、その「エルちゃん」がそのまま三次元になったような人だ。JUNにゃんはエルちゃんを見たとき、「初めて理性を揺さぶられた」と言っていた。

　……なるほど、平和さんはJUNにゃんの、まさに好みの、理想の女性そのものだったわけか。

　そう考えていた私の目は、きっとにやついていたんだろう。横目で私を見たJUNにゃんが首を傾げつつ、車椅子に乗せた平和さんを大事そうに家の中に連れていった。

第3章

タイムマシーンはオーストラリア、幸せまで一直線に飛ぶ

―樋口夏穂さん―

1 ジンベイザメが泳ぐ海

この日ほどスイミングやっててよかった、と思った日はないと思う。

ジンベイザメが五頭くらい来ている中で一緒に泳いで。一頭に気を取られていると、すぐ後ろに別の個体が迫っていて。不思議と恐ろしいなんて感情は沸いてこなくて、圧倒されていた。英語では whale shark と言うそうだ。

☆★☆

彼女が泳いでいたのはボホール島。セブ島の南東部に位置する、フィリピンで一〇番目に大きな島である。新婚旅行で訪れた海で、ライフジャケットを着けずに潜っている彼女の真横に、大きなジンベイザメがいる。彼女の白い肢体から、無数の真っ白い水泡が弾け飛ぶ。幸せの結晶、躍動、生きている！　あまりの美しさに息をのみ、嘆息する。

二〇二三年二月五日、Facebook の動画に、樋口夏穂さんが冒頭の文章とともに現れた。透き通った海中で、樋口さんはカメラに手を振っていた。まるで、というよりも、本当に別世界だ。人生、いろいろ。本当に、いろいろ。彼女は幸せというものにまるで屈託がない。

この半年ほど前の八月末、私は樋口さんに、虐待サバイバーとしてのインタビューをしていた。

二〇二二年は「怒涛の年」だと、そのときの樋口さんは言っていた。一月に新居が決まり、二月は入籍の直前にコロナに罹患、そして四月から職場が変わったという。

驚いたことに、その四月に応募していたプレゼントの景品として結婚式が当たったと言う。「来週、結婚式です」と、インタビューの冒頭で樋口さんは満面の笑顔で言った。「来週？」と、インタビューに同席していた田中ハルが目をまん丸にして驚いていた。

さらに樋口さんは、「あ、それから、三月に家を買いました」と言った。

怒涛の幸せラッシュとはこのことである。

こうしてインタビューは、樋口さんへの祝福という大拍手からはじまることになった。このときの私は、二度目のコロナワクチン接種後の高熱が引かず、上京をとりやめていた。名古屋の自宅からズームを立ちあげ、インタビューに臨むことになったのはいいが、対面でなくても微妙な空気感や表情を読み取ることができるのかしら――。

そんな私の心配は、笑顔あふれる樋口さんを前にするとすべて杞憂となり、話が聞けるとわかった私は心底ホッとした。

ズームの画面越しに見た樋口さんは、とてもエネルギッシュな、しっかりとした女性という感じ。「私は何からでも喋れるので」と、明朗快活そのものの態度、真摯さを感じさせる視線で、樋口さんは画面をまっ直ぐ、正面から見つめ返してくれた。

——じゃ、どこから聞けばいいんだろう、そんなにハッピーで。まずは、樋口さんのホームページのことから教えてください。いろいろあって、ホームページを開いたんですよね。

樋口　今、そんなにたくさん更新はしてないんですけども。私、中学くらいのときには教師になりたかったんですね。結局、教師の道は選ばなかったんですけど。こうして自分のホームページでより多くの情報を与えることによって、間接的にでも子どものサポートができたら、と。ホームページでは、私が受けてきた虐待のこともオープンにしています。

樋口さんの言葉のメモをとろうとあたふたしている私をよそに、樋口さんは田中ハルの「虐待サバイバー写真展」を知ったいきさつを話しはじめた。「樋口さんは、虐待サバイバー写真展で最初に被写体になった」ということを、田中ハルから聞いていた。

樋口　ツイッターで情報が回ってきたんですよね。フォローをしていたその人も、被虐児だったのかな。ちょっと面白そうっていう、なかばノリで応募したらハルさんの写真モデルの第一号になった。

それで、渋谷の「サンマルク」で、二人でお話をしながら、ハルさんは写真を撮るし、こちらも記事にしたいことを聞いていくしで、なかなか面白い取り組みだなって。

樋口さんは淀みなく、語り続けた。その勢いの波に乗り、私は樋口さんの話を聴いた。

樋口　被虐児って、目に見えないじゃないですか、世間においては。でも、心にはとってもたくさんの傷を修復したあと——自己修復したもの、他己修復していただいたものっていうのが、大きなヒストリーとして心の中にあるはずで。

それを、今、被虐児である人が私は孤独だ、って——。私も孤独だと思っていましたが、私自身、孤独だって思うことはいけないことだと思っていたんですね。だから、田中ハルさんの取り組みにはすごく賛同しています。

田中ハルが撮影した、それぞれの虐待サバイバーたちの写真の最後は、みんなカメラに手を差し出すポーズをとっている。「一人じゃないよ。つながろう、っていうメッセージを伝えたくて」と、田中ハルが私に言った。田中ハルのホームページに書かれた次の言葉と、写真の樋口さんが天に向かって大きな口を開けて笑う姿を思い出した。自由そのものだ。

初めは恨みや苦しみの思いが先立つかもしれない、でも、その思いを持ちつつも立ち止まらず、更に先には自由な人生が待っているのです。

それを多くの虐待サバイバーに知って欲しいと思っています。テーマは「**生きている**」です。

――樋口さんには、どこまで虐待のことを突っこんで尋ねていいのでしょうか？

樋口　私は結構、大丈夫です。今、私がいる環境っていうのが、私を理解してくれる旦那さんがいて、私の過去まで受け入れてくれているんですね。自己肯定感がどん底だったところに、自分でそれを上げてきたプロセスもあるんですけれど、そこに彼の圧倒的な包容力が私の自己肯定感を底上げしてくれている。それがあるからこそ、私は卑屈にならずにポジティブにものを捉えることができるようになってきているので。

ズームの画面で私に向かって語る樋口さんの髪は、写真のときよりもずいぶん伸びていた。田中ハルが撮影したときから三年がすでに過ぎていた。豊かな髪と肌の艶やかさ、瑞々しさに、（ああ、樋口さんは健やかに大人になった。そして、とても幸せそうに生きている）と、私は眩しく、そう思った。樋口さんの話をさらに続けて聴くことにした。

「虐待サバイバー写真展」撮影時の笑顔

2 ある日、校長先生のお友だちが二人保健室にやって来た

樋口さんにインタビューをしていたとき、私がとても疑問に思っていたことがある。それは、虐待と躾《しつけ》の厳しさの境界線はどこにあるのかということだった。樋口さんにそれを尋ねると、考えながら、次のような言葉にしてくれた。

樋口　被虐児が捉えた家庭環境と、比較的幸せな環境で育った人が「親の躾が厳しかった」というコンテンツを話し合ったとき、まったく捉えるものが違う。一家庭に一環境、親の育ってきた環境も子どもが抱えるバックグラウンドも違う。ということを考えると、まったくもって対等に語れるものではない。

ただ一つ共有できるのは、その家で受けた悲しみを受け止められる人間がいるかどうか。話したら、それをズバッと斬られるんじゃなくて、共感して寄り添ってくれる人がいるかどうかでその人の心持ちっていうのがまったく違うと私は思っていて。

じっくり考えて語る樋口さんは、とても理知的な表情をする。樋口さんが言葉を続けた。

樋口　私が被虐児にすすめたいことは、おしゃべりであること。そして、本を読みまくること。これは、私がしていたことなんですけれど、それがゆえに、自分の言葉で相手に伝えることができるようになって。

本の世界って、リアルな人ではないけれど、私の心が外に飛び立てられるんですね。私の心を本のなかに置いておけば、私自身がやられることはないし。本に戻ったときには私の心に付け足しができるというか、あったことも栄養にできるというか。

「おしゃべり」ということで言えば、本で得た知識を使って人に発信ができるようになる。発信っていうのは、私のようにホームページのようなメディアをもつということではなくて、自分が考えていることを相手にうまく伝えられること、届くこと。それができるのであれば、回り回って、自分のサポートにつながっていくと思うんですね。

樋口さんの語りは、彼女が小学生のときの話へと続いた。樋口さんは、小学校低学年のときにはすでに自分自身の言葉をもっていた。だからこそ、自分が虐待を受けていることを周囲に伝えられた。それを耳にした周囲の大人も、樋口さんが語る言葉を「子どもだから」とは受け流せなかった。子どもの言葉だということ以上の、大人にきちんと届く言葉になっていた。それをくみ取らなければ命が断たれるという現実、意味が小学生の樋口さんの言葉に宿っていたのである。

そうした実体験を、保護につながった経験とともに樋口さんが語りはじめた。

樋口　私、保健室にいるのがとても好きだったんですね。それで、保健室の先生にいろいろなことを、ずっとペラペラ、ペラペラと喋っていたんでしょうね。

ある日、「校長先生のお友だち」と言って、児童相談所からケースワーカーさんが来て、私は保護されたんですけれど。

おそらく、保健室の先生が、私が何の気なしに話していることをくみ取って、担任の先生と共有し、職員会議で話し合ったのか分からないですけれど、「この子は通報案件だろう」と判断してくれて、行政につなぐサポートをしてくれた、ということがありました。

自分の言葉で自分のことを発信する。心を、どこかに置いておく。それがとても大事なことだと思っています。


とはいっても、だ。最近の人たちは、子どもだけではなく、大人もあまり本を読んでくれないのだよ。「どんな環境があったから本を読むことが習慣になっていたの?」と尋ねようとすると、樋口さんの家の呼び鈴が鳴った。

樋口さんが家の中にいる誰かの名前を呼んだ。その様子があまりにも幸せそうだったので、「ダンナか?」と、私は樋口さんを冷やかしてみた。樋口さんは「妹です」と答えた。

そこで私は、樋口さんのきょうだいもまた、虐待を受けていたのかと聞くことにした。

「妹はですね。そうねぇ……。私の視点からしか説明のしようがないんですけれど……」と前置きをしてから、樋口さんがこう教えてくれた。

樋口　格差はありました。手が出るものに関しての比率では、私のほうがかなり大きかった。妹も手を上げられることはあったけれど、私から見れば少なく思えた。心に関して言うと、お互いに心ないことをすごく言われて、イーブンに傷ついていると思うんですけど。

樋口さんの目が潤み、小さくなった声が震えた。その様子から、樋口さんの過去には確かに虐待があったとわかった。今はこんなに幸せに笑える樋口さんだが、かつて被虐児だったのだ。その現実がとても私には悲しかった。

――妹さんのほうが手を上げられることが少なかったのは、樋口さんが妹さんを守っていたから？　それとも、「お姉ちゃんなんだから」ということで、だったのかしら？

樋口　おそらく、後者です。そっちのほうが、ずっと多いです。

優しく笑う樋口さん

ずっと私が思っていたことなんですが、やはりきょうだいで上だっていうことは、親にとってのモルモットだなって。私がやってよかったと親が感じるものは妹にやらせるし、「お姉ちゃんだから」とか「お姉ちゃんなのに」と、ずっと言われてきましたね。

妹さんは高校のときにニュージーランドに留学をし、その後、現地で知り合った男性と結婚したそうだ。今は一時帰国しているが、一か月すれば、就職した彼とともに妹さんはアメリカに旅立つという。「とてもいい人です」と樋口さんが言うので、「それはとてもよいこと」と私が微笑むと、樋口さんも優しく笑った。

3 黒塗りの情報開示

――樋口さん自身は留学をしているの？

樋口　私も留学しています。小学校五年生のときに、オーストラリアに一年間行ったのが、留学らしい留学？　その後も、人生の経験を重ねるために、ニュージーランドやオーストラリアに行きました。

――さっき、「小学校のときに保健室でしゃべっていたら、行政につながった」と言った？

樋口　いつから話しはじめたかはわからないんですよ。一年生から四年生まで同じ小学校に行って、四年生の六月にケースワーカーさんが来たんです。

ちょっとこのあたりの記憶が定かではないんですけど、「記録」を見ると、二〇〇四年の一月に私はオーストラリアに飛んでいるんですよ。留学していたのは、二〇〇四年一月から一二月。それと、小学校修了資格を得るために、二〇〇五年一〇月から一二月まで。その間の空白期間は自宅学習でした。

二〇〇三年の六月から二〇〇四年の一月までだと思います、保護期間は。

嶋守先生、もしよろしかったら、私、自分がいた市町村に資料開示請求をしまして、この間の記録、ほぼ黒塗りですけど、あるんですけど。よかったら読みません？


突然の申し出に戸惑いながらも、私は「読む！」と答えた。「どうしたら読める？」と尋ねると、樋口さんは「ＵＲＬ送りますね。全部、フェイスブック（Facebook）

公開した保護記録

に載せているんで」と答えた。私のページを見つけた樋口さんが、メッセンジャーにメッセージをくれた。

樋口さんは、自分のフェイスブックを探り、黒塗りの保護記録がどこにあるかを教えてくれた。

樋口　二〇二一年の一一月八日。去年、初めて公開したんです。

――何で公開をしたの？

私の問いに、樋口さんは座っていた椅子の背もたれに身体を預け、視線を上に向けて考えてから、こう答えた。

樋口　どうして公開したか。何年か前に資料請求したときに、まず私が読んで号泣しました。そこに書かれている、私って。小学校四年生だった私の言葉がそのまま、ケースワーカーさんによって書き記されているんですよ。それを見て、そのときの私に、今の私が会った気がしたんです。

話を聞いている私のほうが「泣きそう」とつぶやいてしまった。しかし、樋口さんは笑顔で話を続けた。

樋口　記録の言葉を読むと、可愛い私もいて、辛い私もいるんですよ。小学四年生の私の目線からのその当時の出来事っていうのが、他人の手によって書かれている。なので……タイムマシーンに乗ったような気分でした。

で、ひととおり泣いて。二年間くらい自分で持っていたのかな……。何かのタイミングで、世間で虐待される子どもが亡くなる事件が多すぎて、いたたまれなくなったんでしょうね。一一月って、児童虐待防止推進月間じゃないですか。なので、一一月の最初の週に発信をしようって。

最初はインスタグラムのストーリーに挙げたんですよ。そしたら結構な数の友だちから、一〇人くらいかな、「辛かったのに、共有してくれてありがとう」って。

たとえば、保育士だった友だちは、保育士の目線でとても勉強になったとか、「こういうことがあるんだな。理解したよ、ありがとう」とかという言葉をもらいました。

私、最後に書いたんですよ。

樋口さんは iPhone の画面をスクロールして、ある画面をズームのカメラに向けた。そこには、被虐児童数と死亡児童数の推移を表す折れ線グラフがあった。赤線で示された被虐児童数は年を追うごとに右肩上がりとなっており、死亡児童数を示す茶色の折れ線グラフはほぼ底這いのままである。

画面の下半分には、子どもの虐待死のニュースのスクリーンショットが並べられており、樋口さんが赤色で書きこんだ文字があった。現実の、悲痛な叫びがそこにあった。

「ニュースになるのは死んでしまった子どもだけです」

樋口　虐待がニュースになるときって、子どもが死んでしまったときだけなんですよ、っていうこともちゃんと言いたくて。フェイスブックのこの記事は、まだお友だちにしか公開していないんですけれど、どうしたらこれをより多くの人に見てもらえるかな、っていうことは考えています。

樋口さんがティッシュを取り出し、鼻を拭《ぬぐ》った。「すいません。今日ちょっと、鼻の調子が悪くて……」と樋口さんが言うので、「大丈夫。田中ハルが、鼻を拭っていない、ちょうどいいときの写真を撮りますんで」と言うと、パッと顔を輝かせて笑い、そこに田中ハルの優しい笑い声が重なった。

どうか、泣かないで。私も、児童虐待の現実と虐待サバイバーの幸せな毎日を伝えるお手伝いをするから。だから、もう泣かないで――。

幸せに笑おう、一緒に。サバイバーとして胸を張って、幸せをともに生きよう。泣きそうになった私は、瞼を何度も動かして、涙がこぼれないように樋口さんの笑顔を見つめた。

4 オーストラリア、運命の転換期

三人でひとしきり笑ったあと、樋口さんが語りはじめた。すぐさま田中ハルがカメラを構える。

樋口　私ね、そこまで泣かなくなりましたよ。一番のピークは高校のときですね。

私、二回、保護されているんですけど。一回目が小学校四年生のときで、二回目が高校三年生かな？　三年生の一一月とか一二月。何か授業中に、授業を受けていたはずなのに、私、突然泣き出したんですよ。何の脈略もなく。たぶん、何かを思い出したんでしょう、フラッシュバックが起きたのか、号泣しはじめてしまって。

そこで、私の心が限界なんだなって感じて。そのときは保護所ではなくて、民間の「カリヨン子どもセンター」に行きました。「子どもの人権一一〇番」に電話をかけて。

理知的な樋口さん

● Column カリヨン子どもセンター ●

カリヨン子どもセンター（https://carillon-cc.or.jp）は2004年、虐待や非行などの困難を抱え、今晩泊まるところのない10代後半の子どもたちの緊急避難場所として生まれた。活動開始から2022年２月までの利用者はのべ477名であるという。年間で男女それぞれ12～15名程度の新規入居があり、滞在期間は最長でも２か月程度が想定されているが、長期化する場合もある。

カリヨン子どもセンターでは子どもシェルターとは別に「カリヨンとびらの家（男子・定員６名）」と「カリヨン夕やけ荘（女子・定員６名）」の自立援助ホームも運営している（石井花梨［2022］「大丈夫、ひとりぼっちじゃないんだよ――カリヨン子どもセンターの『子どもシェルター』」非行克服支援センター編『ざ・ゆーす』第23号、13ページ参照）。

住所：〒115-0055 東京都北区赤羽西３丁目33－３
電話：03-6458-9120

――誰が？

樋口　私が。友だちの携帯を借りて。「子どもの人権一一〇番」というところに電話をして、「カリヨンに入りたいです」って、そこではっきりと言って。

そうしたら、カリヨンの弁護士さんが、「じゃあ、会いましょう」って言ってくれたことを、当時、担任をしていた先生に伝えたら、「弁護士ネットワークで調べたら、本物の弁護士さんのようだから会っていらっしゃい」って。

電車賃を出してくれたのかな？　どうやって行ったのかはちょっと覚えてないんですけど、永田町まで行って、弁護士さんに会って話をして。

そうしたら、「じゃあ、荷物をまとめておいで」って言われて。家から持ってきた荷物を保健室に置かせてもらって。それで、保護してもらいました。なので、そこがピークかなぁ。

樋口さんの話に聞き入っていた田中ハルが、目を潤ませていた。樋口さんの言葉は続いた。

樋口　泣くっていうことに関しては、都度、都度、ありますけど。家にいて、突然泣きはじめるっていうのは、今はもうなくなってますね。
　私も思い出していないことってあると思うんですよ。そういうのは出てきちゃうと思うんです。たぶん、次の関門は……妊娠したときとか、子どもが生まれたとき。

可愛らしい樋口さんに赤ちゃんが宿り、生まれ、旦那さんと一緒にその子どもを抱いている姿を私は想像した。まだそのときは来ていないというのに、思わず頬を緩めた私がこう言った。
「支えてる、支えてる！　私は保育士や幼稚園、小学校の先生を育てている先生だから大丈夫。いつも卒業生の子どもと遊んで、卒業生の相談をたくさん聴いている。心配ないよ！」
　それを聞いた樋口さんは、「あ、そうだ。保育学科の先生だったんでしたね！」と、ニコニコと笑った。幸せなほほ笑みって美しいな――そう思いながら樋口さんへの質問を続けた。

——フェイスブックを見たら、樋口さんの出身大学が書いてあった。（東京にある英語の大学と言えば「そこ！」と誰もが思いつくほど有名な、非常に人気のある老舗の）私立大学なんだね！　スゴイ！　樋口さんは、高三で「カリヨン子どもセンター」に入ったんだよね。

樋口　一二月九日だったんですけど、すでに受験先の学費の納入は決まっていたので。

——そのお金はどうしたの？

樋口　保護される前、受験申し込みのところまでは家に住んでいたんですよ。あとは、カリヨンから受験させてもらいに行くっていう。その間は、まったく勉強しませんでした。ボーッとして、楽しく生きることだけを考えていたので。

過酷な環境から一人、勇気を振り絞って逃げてきたのだ。そうなって、当然である。

「一般入試で受けたの？」と尋ねた私に、「はい」と答えた樋口さん。思わず「賢いね」と私は言ってしまった。

樋口さんは謙遜しながら、「センター入試も受けたんですよ。でも、チートですけど、小学校五年生のときに行った留学のときの英語が自分の英語力の基礎にあって、結局受かったのがその大学の英語のみっていう受験方式で」と言った。

その言葉に私は、「よかったじゃん！　スゴイじゃん！」と何度も繰り返した。

――入学金や学費を入れてもらうのは、どうしたの？

樋口　たぶん、弁護士さんが親に話をして、入金してもらったんだと思います。直接私には連絡できないようになっているので、全部、私の代わりに話を通してくれて。そのとき、「その大学の女子寮に入るんだったら許します」と親に言われたので、そこに入って、かけがえのない友だちをつくりました。

インタビューのなかで一番ステキなビッグスマイルを私に見せてくれた。

5　さあ、二〇年の厄が明ける

ここまでの話を整理して、樋口さんの語りをさらに聴くことにした。

――これまでの流れだと、周りの大人が家から離してくれたのが小学校四年生のとき。もうここはダメだ、家から離れたいと思ったのが高校三年生のとき。そのときに、自分で家を出たわけね？

樋口　はい、出ました。そのときに一つ覚えているのが、小学校の四年生に一時保護所にいたときって、一八歳の子が瞬間にいなくなるんです。一八歳が保護対象ではないからという理由で。

私は大学には絶対行きたい。大学に行かないと、私の人生はきっと苦しいものになるはず。親もきっと行かせたいと思っているはずだから、そこはきっとどうにかなるだろう。短絡的なことかもしれませんが、そこらへんのことを考えてカリヨンに行ったのだと思います。カリヨンを調べてくれたのは小学校のときのクラスメイト、幼馴染みでした。

メモをとる私のタイミングを見ながら、樋口さんが言葉を続けた。

樋口　そのクラスメイトと再会したのも、フェイスブックだったかな。

私、小学校四年生のときに一時保護所に入ったあとに留学しているので、小学校までの友人関係が全部なくなっちゃったんですよ。ＳＮＳもなかった時代だったので、連絡先もわからなくなって。たぶん、親も私が一時保護所に入っていることを隠していたし、ただ突然、留学したっていうことになっていたみたいで。ＳＮＳの時代になっていてよかったと思うことはあります。

――とすると、家を出るときのキーパーソンはその幼馴染み？

樋口　そうですね。あと、高校三年間、ずっと同じ先生が担任だったんですよ。英語コースのクラスがその高校に一つしかなかったので。親がツラいっていう話は常日頃からというか、たぶん進路面談のたびにしていたと思うんですけど、そこでサポートしてくれました。

そう考えると、サポートしてくれたのはクラスメイトだけではないですね。実際に家を出るときにサポートしてくれたのは、クラスメイト、担任の先生、養護の先生ですね。

樋口さんは首を傾《かし》げて、思い出しながら話していた。そして、改めてまっ直ぐに背を伸ばし、それまでの考えを振り切るように、画面をまっ直ぐに見つめ返してこう言った。

樋口　でも、そこまでに私が抱えるものを吸収して、一緒に話して、悩んで、相談に乗ってくれたのは、三年間持ち上がったクラスの何人かでした。

インタビューをはじめて四五分が過ぎた。そろそろ、樋口さんも仕事に行かなければならない。最後に、樋口さんの現在の生活について尋ねてみることにした。

高校時代を思い出す樋口さん

──今、仕事は何をしてるの？

樋口　事務ですね。所属としてはＩＴ系の会社の総務兼営業アシスタントのような。四月から、仕事ぶりが認められて出向していて、機械メーカーにテレワークで勤めています。

「何かさぁ、全然関係ないのに、うちのゼミの卒業生と話していて、嬉しい報告を受けているような気分だよ」と私が言うと、樋口さんと田中ハルがとても嬉しそうに笑った。

樋口　面白いのが、私、二四、五歳のときに、友だちが占いにハマっていたので、新宿の当たるって言われている占い師さんのところに行ったんですよ。そこで、算命学で調べてもらったら、私、「生まれてから二〇数年、厄でした」って言われたんです。で、「ここから先は、よいことしかありません」って言われたんです。

「えええええーっ⁉」と驚く私と、樋口さんの幸せが嬉しくてたまらないと笑う田中ハルに、「それ、めちゃくちゃ心に効きました。私、これまで頑張ってきたのが……」と言うと、樋口さんはティッシュを箱から勢いよく取り出し、「なんか泣けてきちゃった」と言って、笑いながら涙を拭った。

「私、それまで頑張ったんだなって思って。もうここから私の運命が回りはじめて、もうよいことしか起こらないんだ！　って」と言う樋口さんに私は、「そうだよ！」と、声を強く高く響かせて同意した。

「逆に、一緒に行った、占いにハマっていたほうの友だちが、『四〇数歳までの長い厄があります』って言われたんです」と悪戯っぽく、会話のうえでのジョークとして教えてくれた。

「友だちのほうが大変じゃんよ」と言って笑う私と樋口さんの笑顔に田中ハルがカメラを向けて、シャッターボタンを押した。まるで、天使の真っ白い羽で頬を撫でられたかのような幸せな時間だった。

「確かに、その友だちには大変なこともありましたけど、今でも仲良しです」と、まるで宝物を大事に見せるような表情を見せた樋口さんは、マグカップのお茶をひと口飲み、「あははは」と声を立てて笑った。そして、こう言った。

樋口　その算命学の先生に、「あなたはイケイケどんどんな恋愛をする人だけれども、あなたの場合はちょっと待ちなさい」って言われて、待って出逢ったのが今のダンナです。

まるで、「私の一番大事な財産なんです」というように誇らしく、そして、順風満帆な人生の舟の上で、「最高！　イイネ！」というように親指を立てて、樋口さんが幸せに笑った。

6 躾《しつけ》は身を美しくするものなのに

幸せいっぱいの樋口さんの笑顔に向かって、私は結婚について話を聴くことにした。

――旦那さんとは、どうやって知り合ったの？

樋口　出逢ったのは、二〇一八年。一〇代の人たちに向けて発信するプラットフォームをもつにあたって、何を発信していけばいいんだろうと模索するなかで、とにかく人に会いたいと思ったんですよ。男の人は面白いことをしている人が多いので、マッチングアプリで会って話をしていくっていう作業をしていたんですよ。

――作業！　作業？（という言葉で言い表すことがおかしくて、私は笑ってしまった。）

樋口　別に恋愛を求めていたわけじゃないんで、作業（笑）で。ちょっと、外国人にも会ってみたいと思って何人か会っていったなかで、出逢ったのが今の彼です。何と、初めて会った日が七月七日でした。

「七夕じゃん！」と言う私に、「そうなんです！」と、樋口さんは椅子の上でピョンピョン跳ねあがるほど嬉しそうに答えたので、「可愛いんですけど！」と言って私は大笑いをしてしまった。

樋口　たまたまですよ、たまたまなんですけど。彼はフランス人です。

――会話は英語？

樋口　はい、八割英語、一・五割日本語、〇・五割フランス語、といった感じです。

しばらくの間、樋口さんがしゃべりはじめるのを待った。すると、樋口さんが旦那さんについて話しはじめた。

樋口　最近知ったことなんですけど、彼は彼で、親が離婚するまでの間に若干の心の傷があるみたいで。彼自身が受けているわけではないんですけど、両親がモノを投げあって闘っていたのを見ていたり、母親がひたすらお父さんのことを悪く言うとかあって。

最初、彼は、私が被虐児だということを軽く捉えていたようで。そのことに私はキレ散らかしていたことがあって。それで、二人でカップルカウンセリングを受けたんです。

――（カップルカウンセリング？　何だ、それは？）誰に？　どうやって？

樋口　カップルカウンセリング、オンラインで、英語でできるところがあって。それを調べて、ズームでお互いの話を聞いてもらって……。そのときに私が被虐児って言ったら、「あら、どんなことされた？」と聞かれて……、私が答えたエピソードを聞いて、彼は隣でドン引きした顔をしていました。

――どんな話か、今、できる？

樋口　できますよ。あ、ハルさん。聞くのキツかったら……。

田中ハルは、「大丈夫」と両手でＯＫサインを出した。誰かの虐待の話を耳にしてもフラッシュバックが起きることを樋口さんは知っているからこその、気遣いと思いやりだった。

樋口　ダイニングテーブルの周りを、掃除機を持って追いかけられて、殴られて、だと思うんですけど。結構泣いてて、鼻血も出ているのに、ガムテープで口をグルグル巻きにされて……。息ができないじゃないですか。鼻血と涙と涎で、テープを中からペロペロと必死にはがして、気道を確保していた気がする。

あと、髪の毛を掴んで引きずり回されたりとか、それくらいですね。たぶん、泣き声がうるさいからって口を塞がれたんです。

――……。

思わず、息をのみ、私は無言になってしまった。田中ハルは、凍りついた表情で瞼をしきりに動かしながら、樋口さんの話に何度もうなずいていた。

樋口　話したのは、そのエピソードだけでしたけどね。

――そう。その話を聞いて、旦那さんは樋口さんの虐待が自分で考えているよりも重大なことだと気づいてくれた。それから、彼の態度で何か変わったことはある？

樋口　私は親に住所とかを伝えていないんですけど、なるべく会いたくないし、電話もしたくない。彼はそのことをちゃんと理解してくれました。話さないとわからないですよね、仕方ないです。

樋口さんの話に、田中ハルはしばらく瞼をしきりに動かし続けた。涙をこらえているのか、それとも心を落ち着かせているのか。動揺して、そのあとの話をどのように続けたらいいのかわからなくなった私は、ここまでとっていたメモを読み返しつつ、話の糸口を探した。

――高校を出て、大学に行って……。

樋口　大学卒業までに六年半かかりましたけど。寮にずっと引きこもっていました。最初の二年半かな？　ようやく親がいない生活になって、たぶん疲れていたのを治そうとした。バイトは行っても学校は行かない、といった生活を続けて、二年生を三回やったのかな。

二年半経ったときに、ようやく、ああ、私は大丈夫って思ったんです。そこから、普通に学校に行くようになりました、朝は苦手でしたけど。

そう言ってにっこりと笑う樋口さんと私が写る画面に、田中ハルはカメラを向けた。

「よくやった！　よく頑張った！　そこで頑張ったから、そのときに厄が明けたな、きっと」と言う私に向かって、樋口さんが話を続けた。

樋口　本当に、そこから人生が開けてきました。教職の授業もとっていたんですけど、教育関連の授業を受けたときに、私、ヤバい、モンペにやられる！　って思ったんですよ。

——もんぺ？　履くやつ？　戦中時の写真でよく見る、あれ？

樋口　モンスターペアレントにやられるって思ったんですよ。

（あ、履かないのね。モンペは略語だったのね）と思いながら、自分の勘違いに私は「あははは」と苦笑し、「気づいてよかったねぇ」と言った。

樋口　そういえば、私の親がモンペだったのに、私がそれを忘れるとは何事だ！　って、そのときに思ったんです。で、教師の道はやめようと。でも、子どもにかかわる仕事はしたい。そう考えているうちに、アルバイトでテレビの仕事をしていたので、じゃ、サイトを立ち上げようって、なったんです[1]。で、そこで私が書きたいこと、知りたいことを取材し、発信して、虐待のことも書こうと。

本当は、それを本業にしたかったんですけど、私のポテンシャル的に無理で、今は副業、ライフワークとしてプラットフォームをもっています。

――で、ＩＴ系に就職をした？

樋口　その前に、テレビの仕事を続けていました。アルバイトを続けて、そのうちフリーランスになったけれど、体力的にキツくなって。

そのときには彼とも付き合っていたし、ちゃんとライフワークバランスを考えたいなと思って、今のＩＴ会社に入って……。

――どれくらい、テレビの仕事はしていたの？

樋口　二〇一五年から二〇一九年、約四年間です。制作会社に所属して、ＴＢＳに一番入っていました。いくつか番組を担当していたんですけど。

どんな番組を担当していたのかと尋ねると、「もう終わっちゃったんですけど」と言って、いくつもの番組を教えてくれた（ウィキペディアでその番組名を見ると、樋口さんの名前がＡＤのところに書かれていた、素晴らしい！）。

そして、「お・も・て・な・し」のあの人が司会をしていた番組名が出たときに、私は驚いて「凄いね」と舌を巻いてしまった。

7　腫れ物にしないでくれて、ありがとう

最後に、「虐待とは何であるのか」という質問を投げかけてみた。樋口さんは、「うーん」と少しうなったあと、こう答えてくれた。

樋口　小学校四年生で保護されたときに、自分が虐待を受けていたということに気づきました。相談員が来るまで、私は自分の家庭で起きていることが普通だと思っていました。ツイッターで、大人になってから見た言葉でこんなのがあるんですけれど。

「身を美しくすると書いて躾《しつけ》なのに、その躾に身体が傷つくようなことをしていたら、それは躾ではないよね」

って書いてあって、なるほどなーって思ったんです。それが一番しっくりくる言葉だなって思いました。

考えてみたら、アザができるまでやるって、おかしいですよね。泣くまで心ない言葉をかけ

（1）「KnotitiA.com　知るを楽しもう」https://knotitia.com。樋口さんが取材して記事を書いたなかには、田中ハルの「虐待サバイバー写真展」の記事も掲載されている（https://knotitia.com/archives/1973）。

るって、おかしいですよね。今、虐待を受けている人が、自分が受けていることが虐待だと気づける点って、その二点かなって。

言葉に関して言えば、受け止め方は人それぞれなので。究極、「絶対、それは虐待です」って言葉の虐待について言えるのは、泣くまで心ない言葉を繰り返すことだと思います。本当に心、心理的虐待は見極めが難しい。私もわからないというのが本音です。

たとえば、「勉強しなさい」とは誰もが言われると思うんです。カリヨンの先生に聞いたことですが、包丁を持ちながら「勉強しなさい」って言われる子どももいるそうです。それって、脅迫じゃないですか！

——樋口さんのお家は、どんな感じだったの？

樋口　私は、すごく核家族でした。父親自身が被虐児だったかどうかは知らないですけれど、父親は家のことはどうでもよいというか、無関心でした。だから私は、父方の親戚をまったく知らない。母は、彼女の言い方を借りれば、とても厳しかったか、虐待されていた。「私、虐待されていたから、あなたも虐待するよ」って言われて、「ハァ？」って感じなんですけど。

——お母さんが、虐待されていた？

樋口　それが虐待なのか、昭和的な躾《しつけ》なのかはわからないです。あえて聞こうとも思いませんし。ただ、虐待は連鎖するっていうことは知っていたので、それを言われたときにはムカつきましたね。お前の性格が直らないからじゃねぇか、一番は、って。今でもそう思っています。

ここまで丁寧な言葉遣いで話をしていた樋口さんの口調が、母親の話題になった途端に荒くなった。怒り――生々しい感情が言葉にそのまま乗っているように感じられた。

樋口　母親は、自分の親族との連絡を一切とってなかった。私の家族構成は父、母、妹、私の四人なんですけど、父親が単身赴任で家にいなくて、三人でいることが多かった。ママ友も学生時代の友人も、母を訪ねて遊びに来るというのはなかったですね。親戚付き合いはなし、近所付き合いもなし、友人もなしでした。

私の知るかぎり、母の手が上がりはじめたのは五歳くらいのころ。それより前は、覚えてないのでわからないんですけど。

私は、感じたことをそのまま樋口さんに伝えてみることにした。

「何だか、お母さんのことになると、ポンと突き放す言い方ができているなぁって、思ったのね。そんなふうに、客観的に、お母さんのことを言えるようになったのっていつぐらいから?」

樋口さんは「うーん」と考えこんでしまった。無表情だ。

「もう、お母さんとは連絡をとっていないの?」という私の言葉に、

「一切、連絡をとってないことはないですよ」

と、とても早口に答えた。

樋口　こないだも、初めてお盆に彼を連れていきました。会うのはもう数年ぶり。電話も、三回に一回くらいしか取らないですけど。

この口ぶりだと、私が思っていたよりも、お母さんからの電話はよくかかってきている感じだ。もしかすると、意外とお母さんは過干渉？　そう考えながらメモをまとめていると、「物理的に距離を置いて、年齢的には緩和できるようになってきたけど、突き放すようになっている？」と尋ねたところ、樋口さんが首を捻った。無表情だった目がギョロリと動いた。

――「突き放す」という言い方が悪かったかな。別の言い方がよかったかな？

樋口　いや。言いたいことはわかるんです。

物理的な距離を置きはじめたのは、大学で寮に入ったとき。私には物理的な距離が必要だ、声を聞くと危ないと思ったから、そうしはじめたんです。大学から大人になる間にいろいろと考えるなかで、たぶんどっかで「あいつ、クズだ」って思ったんですよ。

私にはこんなに友だちがいて、こんなに慕ってくれて、「あなたはとっても優しいのよ」って表現してくれるのに、あいつには友だちがいない。あいつはクズだな。あいつとは住む世界が違う、私とは、って。私と彼女、私のなかではきっぱりとカテゴライズ分けができている。言い方が悪いんですけど、見下ろす存在になったんですね。

それがゆえに、あいつが何かを言ってきたとしても、ほぼ脊髄反射的に反発ができる。それくらいに、脊髄反射的に、あいつはクズだって思っているんですよ。

「脊髄反射であいつはクズだと思える」という樋口さんの表現が面白くて、私は笑ってしまった。そして、「脊髄反射的に、っていう言い方、私は好きよ。言葉の使い方が上手ねぇ！」と言うと、樋口さんも田中ハルも声を立てて笑った。ひとしきり笑うと、樋口さんがカメラをまっ直ぐに見てこう言った。

樋口　いまだに、母親に謝罪してもらいたいかってことをずっと考えてるんですよ。

――ほう！

樋口　母親の謝罪を、レポートでいいから出せって、思っていた時期もあるし。

謝罪のレポート！　私は驚いてのけぞり、笑ってしまった。

――いやだ、そんなのもらって読むの？　自分で持っておくの？　そんなのどうするの？

樋口　たぶん、そこまで考えてないですね。書かせて反省させてやるぞ、ということが根底にあって。それを考えたけど、絶対反省しなさそうだなと思ったんですよね。

樋口さんの言葉に、私も田中ハルも、同時に同じ回数、同じ勢いで何度も深くうなずいた。

樋口　あっちはあっちで、「は？　知らね」って思ってそうだし。面と向かってだと、私の気が収まらないだろうし。何で私は一五年も苦しんできたのに、面と向かった謝罪一つでおしまいにできるかって言ったら、全然、無理だと思うし。

——レポートを書いてもらうって考えていたのはいつごろなの？

樋口　ここ数年。謝ってもらうっていうことはたぶんずっと、どこかでは考えていて。面と向かって謝ってもらうのを考えると……気持ち悪い。謝る、は違うな。反省して、それをレポートに書いて、自分に向きあえっていう感じですよ。

手を差し出す樋口さん

そんな思いを抱えつつも、「この年のお盆に彼を連れて帰省をした」と樋口さんは言った。樋口さんも妹も留学しているという家は、どんな経済環境だったんだろう？

樋口　実家は名古屋だったんですよ、父は製薬系の仕事でした。ちゃんと毎日、ご飯はつくってもらっていましたよ。暮らし的には、一年に一回、家族旅行には出掛けて、ユースホステルに泊まるくらい。中間世帯でした。

「出身は三重県の四日市、幼稚園は……」と具体的な名称を樋口さんが続けて言うので、（おや！勤務先の大学の近くにある、大学の付属幼稚園だ！）と、私は驚いた。

「住んでいたのは……」と樋口さんが言う名古屋市内の某区は、広い居住スペースが確保できる、ケタ違いの高級住宅街である！　私は、びっくり仰天した。

「そこに、戸建てで住んでました」と、樋口さんは事もなげに言った。

「そこに住んでいたっていうことは、すごくお金持ちだぞ」と樋口さんに言うと、「そうらしいですね」と冷静な答えが返ってきた。

「でも、食事面は豊かだったかっていうと、毎日、エノキの味噌汁だったな」と言うので、何だか妙な親近感を覚えてしまったが……どうも理解が追い付かない。

虐待は、どこにでもある。家が豊かであろうがなかろうが、という当たり前のことを改めて私は感じてしまった。ふと時計を見ると、終了時間の五分前になっていた。

「そろそろ時間なので、インタビューはこれくらいにして」と言いながら、私はまとめてきたメモに目を通した。

「樋口さんにお話が聞けてよかった。樋口さんは、サバサバと喋ってくれるから」と私が言うと、ホッとしたように樋口さんが「あはははは」と笑った。

――いろいろな人がいるでしょ。メンタルの具合にしても。どこまで踏みこめるのかなって。

樋口　それは、かなり人によります。私はかなりサバサバ話せるほうなので。友人で被虐児だった人は、精神的な障がいで。中学生のころの記憶が抜け落ちている、って言ってました。……父親の性的、もあったみたいで。

彼女は同僚だったんですよ。もう働けなくなっちゃって。あまりに症状が深刻で。結婚はしたんですけど、「子どもに遺伝するものもある」と言われたらしくて、「子どもはつくらない」と言っていました。

でも、その友人から、「子どもをもつかどうかとか、そういうことを調べているという話を共有してくれてありがとう。腫れ物にしないでくれてありがとう」って言われました。

――（しばらく考えて）今のその言葉を、どのように理解すれば？

樋口　その子はその子で、普通の幸せな家庭を築きたい。子どもは伴わない予定だけれども、それを腫れ物にする人がいる、と。それを私はフラットに、その子と話せていることが、その子にとっては「嬉しい」という意味です。

「そう理解したらいいんだね」と返すのが、私には精いっぱいだった。

「今回のお話はここまでにしましょう」と私が言うと、「はい、私はいつでも話ができますので」と樋口さんが答えてくれた。受け答えの仕方を見て、樋口さんは本当に思慮深くて優しい人なのだと改めて感じてしまった。

「結婚式はいつだっけ?」と尋ねると、樋口さんは幸せいっぱいに笑い、「九月三日です。お天気が本当に心配。てるてる坊主をつくらなきゃ」と言いながら部屋のレースのカーテンを開けて、「なむなむなむ」と真っ白い空に祈っていた。

　大丈夫。必ず、お天気になる。結婚式も、これからの人生も、どうぞ楽しんで。

　樋口さんとの出会いに感謝しつつ、「では、またね」と言うと、ズームから樋口さん、田中ハルが退出した。そのあと、静かに録画のスイッチをオフにした。

第4章

わからなくても、いい

―只野菜々子《ただのななこ》さん―

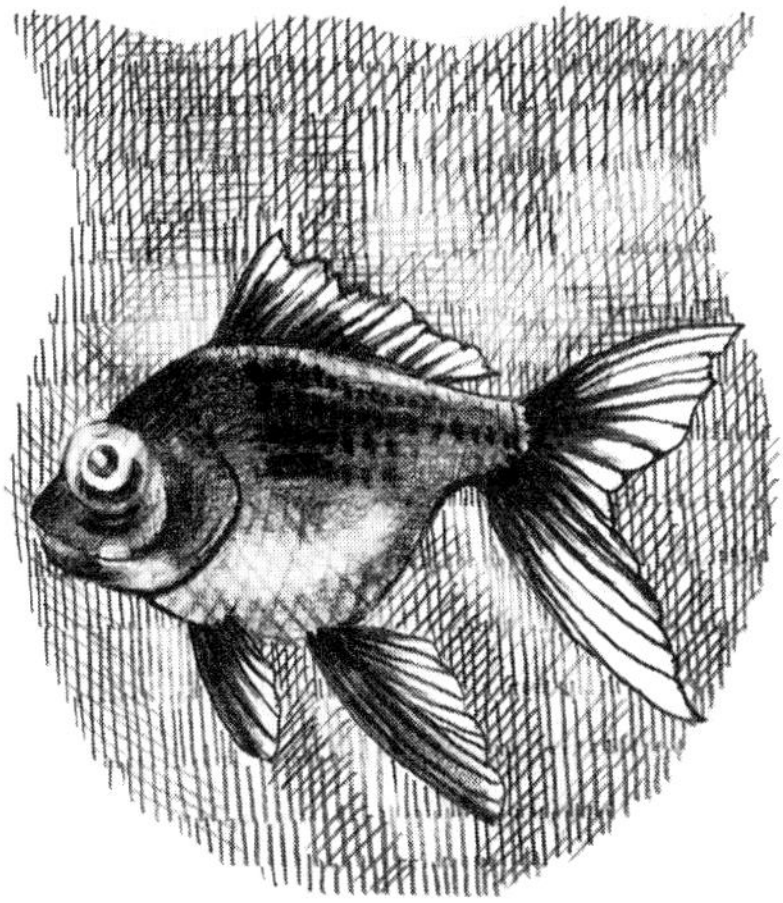

1 微妙な間

「明日は台風だ」と田中ハルが言っていた。「温帯低気圧が台風15号になったんだって」と、iPhoneの画面をスクロールしながら言った。

そっかー。じゃ、明日は雨が凄いかもね。私、駒込に初めて行くんだけど頑張るよ。

こんな会話をした次の日が、只野菜々子さんへのインタビューだった。

只野さんからは、二〇二二年九月二四日のインタビューの前に、二度ほどキャンセルの連絡を受けていた。一度目は二〇二二年五月二九日、「ハーモニー」(1)が主催した拙著『私、子宮がんやめました――抗がん剤、やってどうなる?』の出版イベント番組の撮影日だった。この番組には、著者近影の撮影者として田中ハルも出演した。

「顔合わせがてら、番組を観に、ハーモニーまで遊びに来ませんか?」と只野さんに声をかけてみたが、イベントの前日に「行けません」というメールが届いた。

二度目にインタビューをキャンセルされたのは、第2章のゆき実さんのインタビューの日だった。ゆき実さんのあとに、只野さんのインタビューをする約束をしていた。

インタビューをしてから気づいたことだが、一日に二人から話を聞くというのは無謀な計画であった。初対面の人から立て続けに話を聞くには、体力がもたなかった。年をとったものだ。だから、二度目のキャンセルは、私にとってもとてもありがたかったし、何も問題はなかった。ただ、私にではなく、田中ハルへのメール連絡だったことだけが気になった。

きっと、二度のキャンセルは、只野さんからの大事なメッセージだろう。もしかすると、只野さんのインタビューは無理なのかもしれない。そんな漠然とした覚悟もしていた。

そして、迎えた当日。雨が降る前から、毛穴という毛穴から吹き出す汗で身体全体がびしょ濡れになるという、とても蒸し暑い日だった。空は、隙間なく垂れこめた雲で真っ白に覆われていた。

約束の時間より少し早く到着した駒込駅の改札口には、田中ハルとパートナーさんが立っていた。挨拶をして、只野さんの到着を三人で話しながら待つことにした。

「私、駒込に初めて来たんですよね」と、私。

「駒込には、只野さんを撮影した六義園と旧古河庭園があるんですよ」と、田中ハル。

「旧古河庭園には何があるんだっけ？」と、パートナーさん。

「バラ園があるよ。撮影に来たときには、ちょうど雨が上がって……」と田中ハルが答えると、

（1）東京・世田谷区の就労継続支援Ｂ型事業所ハーモニーにより、二〇二二年五月二九日に『私、子宮がんやめました』出版記念番組が youtube にて放映された。アーカイブは、https://www.youtube.com/watch?v=x8C7ptS1rBo。

「それは、雨粒がキラキラだったね」とパートナーさんが返事をした。

お互いへの優しさが、言葉の一つ一つに満ちていた。

「いや、あなたたち二人のほうがずっとキラキラしてるから」と、相変わらずの仲良しぶりに感心した私は言った。

二人が同じタイミングで笑った。二人はなんだか、とてもよく似ている。本当に平和な二人だ。

田中ハルの iPhone に、只野さんからのメッセージが届いた。

「只野さん、改札にいますって」

しばらくあたりを見回したが、田中ハルは只野さんを見つけられない。改めて改札口を見ると、ラベンダー色のトップスに白地のフレアパンツという出で立ちの只野さんが立っていた。田中ハルが只野さんに声をかけた。

「こんにちは。ずいぶん印象が変わりましたね」

旧古河庭園のバラ

田中ハルが只野さんの写真を撮影したのは三年前だ。写真よりも、駒込駅で会った只野さんはずいぶんとあか抜けており、とてもきれいになっていた。黒いショートボブが、只野さんの黒い瞳と睫毛の影を際立たせていた。（Perfume《パヒューム》の、「のっち」のようだ）と私は思った。

「インタビューが終わるまで、駅前のデニーズにいる」と言った田中ハルのパートナーさんと分かれて、三人でインタビューをするために借りた会議室へと向かった。二階に、数学だったか、宇宙だったかの理系の研究所がある白いマンションの三階まで、階段を上った。靴を脱ぎ、エアコンのスイッチをつけた途端に出てきた涼気にひと息つき、三人で部屋の真ん中に置かれたダイニングテーブルを囲んだ。

お土産にと、ディズニーランドで買った「美女と野獣」のお菓子の缶を只野さんに渡した。「ディズニーランドですね」と只野さんは言ったが、この言葉が出る前に、何か変な間が空いた。

女子ならば、会話の膨らませようがもう少しありそうなものだ。とはいえ、この世にはディズニー好きな女子ばかりでもないし、何しろ私自身に会話をつなげるだけの女子力が圧倒的に足りていない――そう思い、私はボイスレコーダーを準備しようとiPhoneの画面を見た。

インタビュー時間を考えると、充電量が足りなさそうな感じだった。部屋に準備されているのを当てにしていたので、会議室に充電コードがないかと探してみた。田中ハルも一緒になって探しはじめた。只野さんはといえば、その場にただ立っていた。一緒に探す振りをするでもなく、ダイニングテーブルの椅子に座るでもなく、ただ、そこに立っていた。

只野さんに気を遣わせては悪いと思いつつ、本当に気を遣うことなくそこに立っていた只野さんに、私は再び微妙な間《ま》を感じた。

結局、充電コードが見つからなかったので、電池がなくなるまでインタビューをすることにした。ボイスレコーダーのスイッチを入れて、只野さんと向きあった。

2 書けたが、語れない

インタビューの前日までグアムに行っていたと、駒込駅から会議室に向かう途中で只野さんからは聞いていた。冒頭で旅行中の話を聞いて、緊張をほぐせたらと思ったものの、うまく会話が続かなかった。本題に入ったほうが話しやすくなるのだろうか。

「さて、どこからお話をしましょうか？　インタビューでは、みなさんにそう聞いて、好きなことを好きなだけ話していただいているんですけど……」と言ってみた。私の言葉を聞いた只野さんが、少し考えてから静かに話しはじめた。

只野　そうですね、私はちょっと、その過去っていうか履歴はここに書いてあるので、ちょっと。今回、この件についてはあまり触れずに、普通にお話とかできたらなと思う。

――（どのように話を展開したらいいのかわからず、考えあぐねて）はい、わかりました。こちら（私は、インタビューに備えて、只野さんが私的に公開していたブログ記事をプリントアウトして持参していた）の話はしないでほしいとインタビューの前から仰っていましたよね。きっと辛さをおもちだと思っていて。

ほかのみなさんとお話をしてきて、どんなに年月を重ねても虐待はずっと残るんだと理解できているつもりです。できれば、只野さん自身の辛さを教えてほしい。あとは、どうして辛いのに……（どのように言葉にすればいいのかと悩みながら）ブログに書いて、自分のなかからこう……。

只野　はい、「吐き出そう」ですね。

――うん。そうすることで、何が変わったのかとか。なぜ、田中ハルに写真を撮ってもらったのか。今はどんな気持ちでいるのか、などについて聞けたらいいのですが……。

只野　……とー、まずですね。書いた理由っていうのが、自分でも、自分の過去っていうのをまとめたかったんです。あの、「吐き出す」、言葉で出すっていうことはできないんです。けれども、文章にまとめて、自分に起きたことを書きたかった。どこかに発信したい気持ちはあるんですけれども、まずは事実として、どこかに書き残したかったというのはあります。

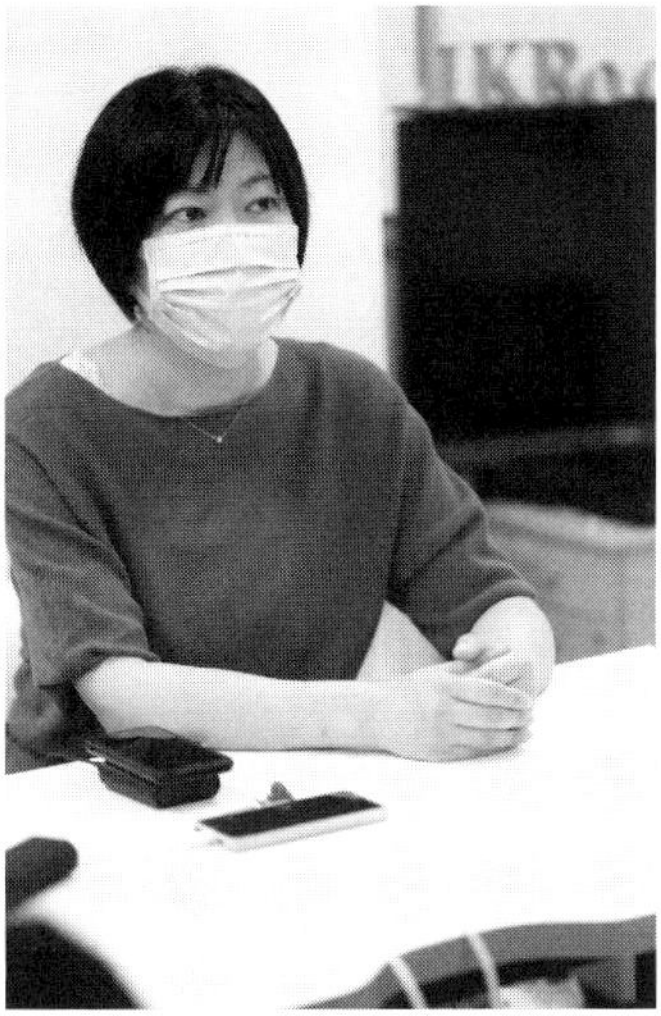

語りはじめた只野さん

ただ、それを、「じゃあ言葉にしてくれ」って言われても、「これ」を書くのにはすごく時間がかかって。自分のなかの、何かのコントロールができなくなってしまうんじゃないかっていうのがやっぱり怖い。あまりしゃべりたくはないし、実際、自分と一対一で会った状態で、その相手の人に話したくはないけれども、誰もいない状態で一人になったときには書くことができるという感じです。

――このブログの記事を書いたのは、いつですか？

只野　いつですかね……いつでしょう？　たぶん、田中さんにお会いしたのがもう三年前とかですよね。なので、それより少し前なので、もう四年前。うん、早いですね。たぶん、コロナ前に書いているので……。

――文章に書こうしたときは、どんな気持ちでしたか？

只野　やっぱり、コントロールの問題ですね、あまり自分がコントロールできてなくて。ずっとためてきていて。そんなときに、ブログというものを見つけて。今まで発信できる場がなかったっていうんですかね。ずっとモヤモヤしていたし、何かこう、まとめたいとは思っていたんですけれども、そういう場がなくて。その場を見つけて、あ、ここだったら匿名でも書けるし、できるかな？　っていう。

――書くのにとても時間がかかったとさっき言っていたと思うんですが、どれくらい時間がかかりましたか？

只野　最初は早かったんですけど、その後が全然続かなくて。書いている時間自体は、たぶん一週間もないような短期間ですけども、悩んでいる期間で一年とか。全部書き終えるのにさらに一年とか、かかっていると思います。
　思い出したくないっていうのと。あとは、自分の記憶を引きずり出すっていうか、その処理っていうのを病院とかに行ってやったわけではないので。自分でやっていたので、やっぱりコントロールですね。
——（驚いて声を高めて）病院に行ったことがない⁉
只野　病院には、この件では……。あのー、ちょっと別の治療で、病院、精神科に通っているんですけど。でも、このことは一切話してないです。
——そうか、別の治療で精神科には行っているんですね。鬱《うつ》ですか？
只野　あ、ではないです。発達障がい。ただ、自分では、本当に発達障がいなのかなって、つくづく思うことはあるんですけれども。
——でも、病院にはこの話はしていない。治療はカウンセリングを受ける感じですか？
只野　あ、いや。先生と数分話をして、薬を処方していただいて終わりです。カウンセリングは受けたことがないのと、やっぱカウンセリングが怖くて受けられないですね。
——何が怖い？　それはさっき言ったみたいに、自分の口で自分の言葉にすること？
只野　そうですね。たぶん、相手がどんなリアクションをしたとしても、自分のなかでモヤモヤしか残らないし。カウンセラーの方に話しても、きっと何も解決しないっていうのはわかっているので、あまり頼りたくない。頼りたくないっていうか……。

――いつも、どのような気持ちで、話したくない、そのモヤモヤを抑えていますか？

只野　出てこないです。あの、もうなんか、あの抑えているというよりも、もうなんか。なんて言うんですかね、出ないです、もう。

只野さんの「出てこない」、「出ないです」という言葉に面食らった私は、只野さんの顔をまっ直ぐに見つめた。只野さんからは、私を困らせようとする意図はまったく感じられない。「絶対に何も話したくない」と私を拒絶したいわけではない、と只野さんの目が語っていた。只野さんの表情に、ただうなずくしかできなかった。

インタビューをはじめてからまだ一〇分も過ぎていない。しばしの沈黙。……インタビューが進まない。心配そうに、

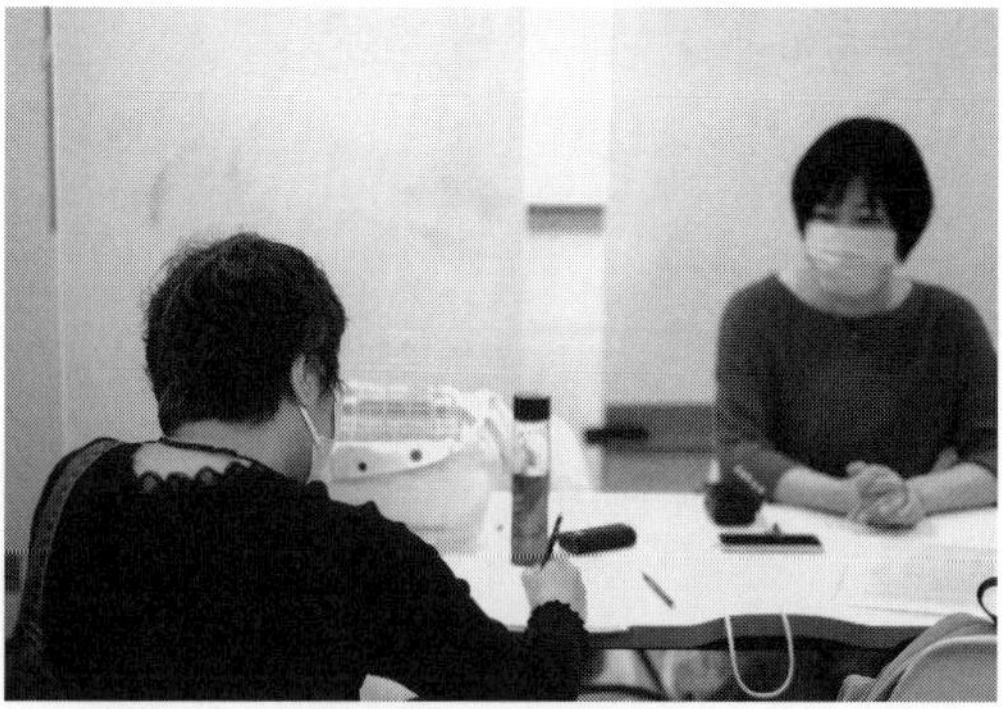

メモを取る筆者（手前）

田中ハルが只野さんと私を見つめた。

「えーと、じゃあ、どうしましょう。何の話から」と言うと、只野さんが私の言葉に重ねるようにして、「そうなんですよね、なので」と答えた。

そのあとにどんな話題が続くのかと待ってみたが、言葉がないので、「今回、私と会うっていうことも怖かった？」と、インタビュー前から思っていたことを正直に尋ねてみた。

只野　いや、怖くはないですね。普通のお話はできるんですけど、ただやっぱりこの話になったときに、あ、難しいかなって感じるので。ごめんなさい。キャンセルさせていただいたりしたんですけど。あとは、どこまでその……話になるのかがわからなかった。

「そうですよね」只野さんの言葉に私はうなずいた。今回のインタビューのために、只野さんが気持ちを奮い立たせて来てくれたということはわかった。

再び、しばらくの沈黙。インタビューを続けてみようと、私も勇気と言葉を振り絞ってみることにした。

――その、いつもは出てこない、出ないっていうことなんだけれども、そういう……その……虐待を受けたことでの生きづらさって感じるんですか？

只野　生きづらさは、すごく感じています。たとえば、人とのコミュニケーションとか。やっぱり対人関係。あとは何だろう？　細かいことでポツポツと、ですね。

仕事の手順とかも。発達障がいだと病院では診断されたんですけれども、それよりは教育とか躾《しつけ》とか、そっちだと思うんですね。社会的なそういった部分が足りなくて。コミュニケーションが取りづらいし、人との、その距離感がつかみづらいし。

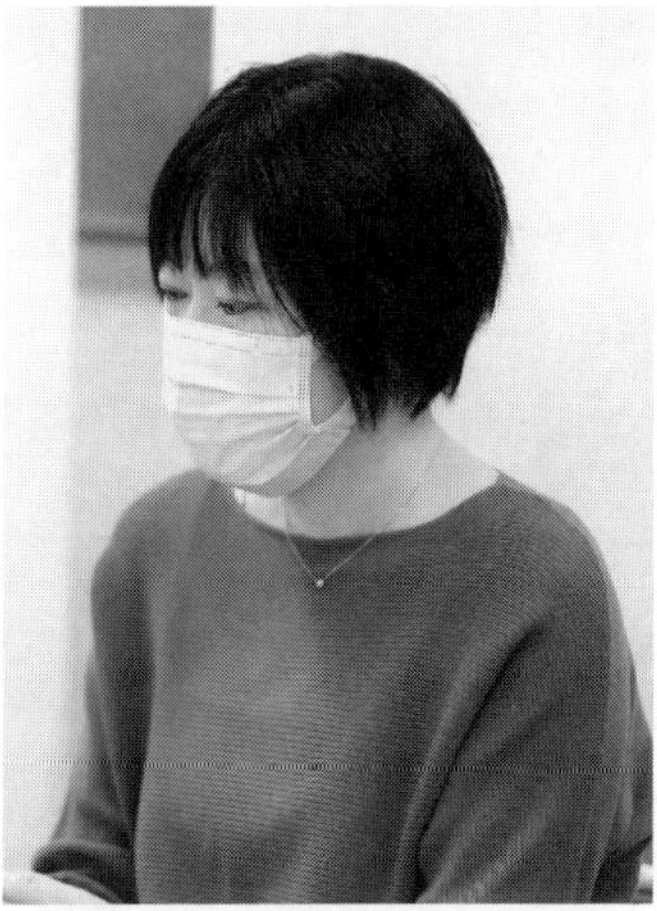

下を向く只野さん

「発達障がいなのだ」と言葉にするたび、只野さんは瞼《まぶた》を伏せて下を向いた。それは、悪びれてとか、恥ずかしいことを告白するからというよりも、むしろ何か嬉しいことがあって、それを誰かにそっと報告するときのようなかすかな動きだった。

自分の生きづらさの謎が一つ解けたことに対する安心感が「発達障がい」という診断にあると只野さんは感じているのだろうか？　何かしらの間《ま》を、そのときの私は只野さんの雰囲気から感じていた。

3 解決はしなくても

現在の生活が話題になると、只野さんはスラスラと答えてくれるようになった。

そういえば、只野さんのブログには、虐待を受けていたという高校時代までの話しか載っていなかった。今の只野さんについて話を聞いてみようと思い、私は質問を続けた。

只野　もうすぐ四〇歳なんです。

――今、何歳ですか？

――えっとー、このお話は大学のところまでですね。

只野　そうなんです。もう二〇年以上前ですね。二、三〇年前。

――大学には行った？　どんな？

只野　理系、理学部です。

――で、仕事は？

只野　今、障がい者枠で働いていて。ＳＥではあるんですけど、プログラミングをする仕事ではないので。事務に近いです。はい。

――すごいですね。発達障がいの診断を受けたのは何歳でしたか?

只野　二五歳。え、違う、いつだろう? 三〇歳近くになってからだと思います。

――なぜ、精神科に行こうと思ったんですか?

只野　仕事ができなくて……すぐに解雇されてしまって。一般枠で就職が厳しかったので、障がい者枠で、はい。

――まず大学を卒業して、すぐに就職しましたか?

只野　あ、大学院に行っていて。修士までです。

――大学院では何を専攻していたんですか?

只野　理学部。化け学の、はい。

――化け学で何をしていたんですか?

只野　えっとー、有機合成なんですけども。製薬系ですかね。薬とかの基礎研究。

理系の、それも製薬系ならば学費がとても高かっただろうに、どうやって捻出したんだろう。実の親族とのつながりはほぼないはずだ。私は気を遣いながら只野さんに尋ねた。

――あの、変な話ですけど、大学行くのにお金がかかりますよね。

只野　全部、奨学金ですね。一〇〇〇万円近くあったんですけど、その……夫の両親が結婚するときに全額返してくれたので。結婚して、全部借金はなくなって……。

――凄い！　いいですね！

只野　よかったです。就職、働くことができなくて、とりあえず進学っていう感じで大学に行っても、奨学金が借金としてのしかかってきて。親がいない子が、結局、それを返せずにとてもつらい思いをしてるっていうのも見かけるので、返していただけて……。

――大学院を出て、就職は？

只野　就職したんですけど、続かなくて。

――働けたのはどのくらい？

只野　半年です。で、また別の会社に就職して、そこも一年で辞めてしまって。そこで、障がい者雇用で手帳を取得したんですね。

――発達障がいで。

只野　はい。

一〇〇〇万円もの奨学金を「夫の両親が結婚するときに全額返してくれた」という話に驚いた私は、只野さんの結婚について尋ねてみようと思った。発達障がい――さらに、被虐経験は、結婚するのに何かしらの障壁にならなかったのか？　そう感じるのは差別なんだろうな、やはり。

そう感じつつも、順を追って結婚について尋ねてみることにした。

――結婚は何歳でしたんですか？

只野　あ、もう、大学を卒業してすぐです。

――何と！　そうなんですか。どんな人ですか？　どのようにして知り合ったんですか？

「どんな人？」と繰り返し、小首を傾《かし》げた只野さんが「同じ大学でした」と答えた。

――大学は同じ。大学院は？

只野　ああ、別です。

――別だということは、旦那さんも研究者っていうか、大学院に行っている？

只野　はい。あ、でも今は、全然違う仕事をしています。物理だったので。

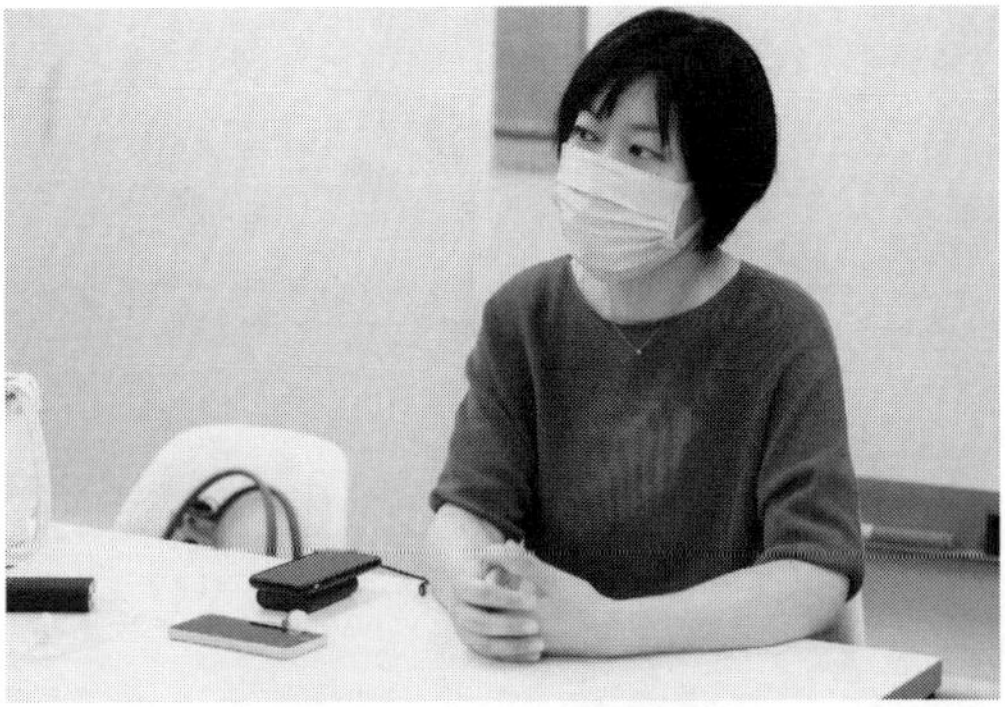

ご主人について話す只野さん

平然と只野さんが答えるので、「どこの大学だったんですか?」と尋ねると、有名私立大学の名前が当然のように口から出た。偏差値が高いばかりか、理系大学として今や人気がすこぶる高く、都内のど真ん中にある大学である。只野さんは、何と優秀なんだろう!

思わず、「えー、凄い!　ということは、かなり勉強を頑張ったのですか?」と尋ねると、「学費が、とにかく安かったので」と言った。謙遜しきりという声色で、「あの、試験も面接だけで何でしたっけ?　GPA(Grade Point Average)、ほぼほぼマックスでした」と言った。

その有名大学でGPAがほぼマックスとは、本当に頭がよいとしか言えない成績に、私は(発達障がいといっても、ハイパーに頭のよい、ギフテッドのほうか)と思った。

——じゃあ、大学の勉強とかはとくに苦労しなかった?

只野　そうですね。実は、大学に入学するのが遅かったんです。二〇、二一歳でした。で、結婚したのは二七歳かな。

——旦那さんは、同い年?

只野　二歳下です。

ということは同級生だ、と私は思った。普通に恋愛ができたんだ、虐待を受けた経験があっても。そこでまた疑問に思った。大学を卒業してすぐに結婚したのはなぜだろう?　とっさに、「どうして結婚を決めたんですか？」と私は尋ねた。

只野　どうしてですかね。わからないです。ただ、多分、生活とかもあったと思うんですけども、まあ、流れです。（照れくさそうな口調だった。）

――お付き合いはどれぐらいだったんですか？　どんな人だなと思っていた？

只野　大学からなので、たぶん四年くらいですね。優しい人です。悪い部分がない人です。一切、マイナスになるようなことはない人って言うんですかね。いろんな意味で。

周りの人間関係で苦労する仕事とは違って、結婚生活では発達障がいで困ったりはしなかったのだろうか？「人間関係を築くのが苦手ではあるけれども、旦那さんと付き合ったりするのに、何か困ったなとか思うことはなかったんですか？」という私の質問に、只野さんは奥ゆかしさを感じさせながらはっきりとこう答えた。

只野　そこはなかったですね。でも、やっぱり不器用っていうか、家事とかの問題、結婚してからいろいろと私の不都合って言うんですか。私のちょっとよくないっていう部分は出てきているんですけれども。付き合っている時点では、とくに。二人の関係はちゃんと続いていたので。仕事ではないので、求められるものも大丈夫だと思うんですね。

なるほど。こうして私と話しているときも、何の問題も不都合も感じられない。では、どうしてなのか。私はこう尋ねてみた。

「仕事だと、どうしてダメなんだろう？」

少し首を傾《かし》げて、考えながら只野さんはこう答えた。

只野　あのー、何ていうんですかね。空気が読めないっていうのが、たぶん一番だと思います。あとは、細かい作業がまったく苦手なので。発達障がいの特徴ではあるんですよね、その、できないことがすごく多くて。それで発達障がいって診断されたんだと思う。

――たとえば、どんなことができない？

只野　読み物っていうんですかね。読んでそれを理解して、自分でやるっていうことができない。それから気遣いっていうんですかね、細かいルール。とくに、女性に求められるような、その細かいルールというのがわからない。たぶん、わかっていないんですよ。

気遣いとか、そういった本当に細かい部分だと思うんですよ。少しずつ少しずつ、何かこの人違うなってていうふうに思われてしまうんですよね。で、少しずつ少しずつ嫌われていくっていうか、その一……会社の、とくに女性から何となく、こう。うん。

思わず、「それはわかる」と強く同意してしまった。女同士特有の仲間意識の感覚。当然のように群れて、一人を排除する感覚。マウンティング。なかなか逃げづらい、どうにも面倒くさいあの感覚。「空気が読めなければ読めないで、どうということはない」と年をとればわかってくるのだが。馴染めなければ、無駄な疎外感で苦しくなってしまう「女子」の感覚。

――そういうのを旦那さんは求めてこないから楽だった。

只野　そうです。

――旦那さんのご実家との関係は？

只野　たぶん、そう悪くはないですね。

――そこも緊張しない。

只野　緊張はするんですけど、優しいんですね。いい人たちなので。一般的な嫁姑問題ってのはないですね。ほかの家庭ではあると思いますけど。

「では、もう本当に普通に生活できている。仕事のことだけは気になるけれども」と私が言うと、只野さんはうなずいた。

ここまで関係がよいのなら、旦那さんも、義実家の方々にも、只野さんが受けてきた虐待に理解があるのだろう。そう想像しながら、プリントアウトしていた只野さんのブログを指さして、只野さんにこう尋ねた。

——このブログを、旦那さんが読んだりしているんですか？

只野　してないです。旦那さんにはこの話をしてないです。

え？　カウンセリングもせず、旦那さんとも虐待の話をしないとは……。本当に、たった一人で虐待された過去を整理してきたというのか？

——これを書いたことで、自分のなかで少しは整理された？

只野　されました。出せかけたっていうところまでは、何かすごく自分のなかの進歩だなって思うんですけど。だからといって、何かこう変わったわけでもなくて。

ただ、たまに、なぜかわからないけれども、すごく沈むときがあって。たぶん、根本的にはこの原因だと思うんですけど。なんとも言えない感情で、沈んでいることもあります。

——そういうときはどうするんですか？

只野　時間ですかね。何をしても、もうどう

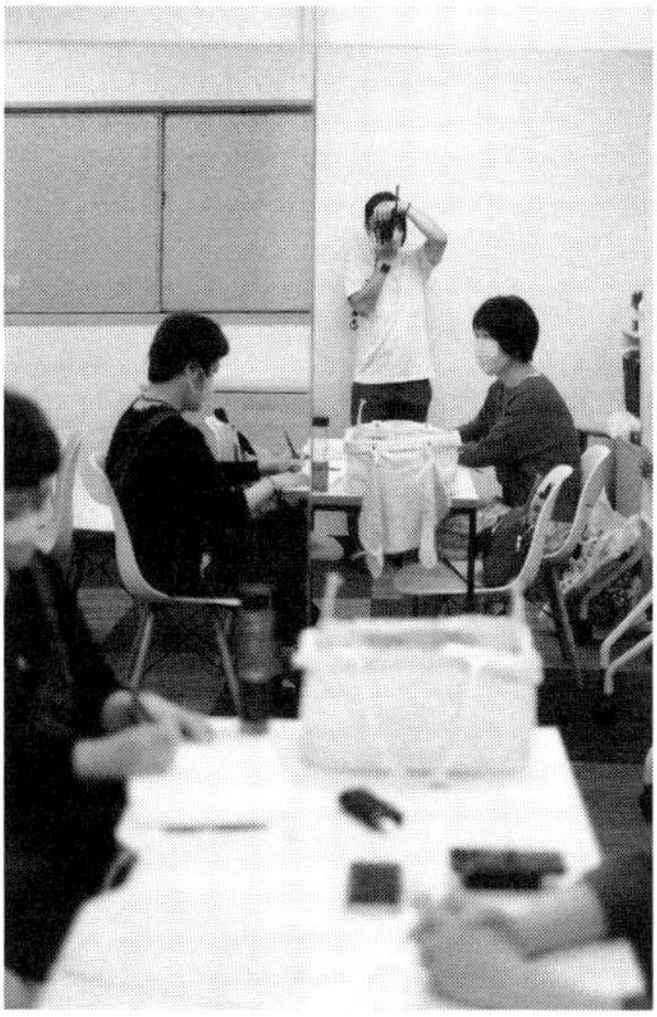

鏡の中の二人を撮影する田中ハル

しようもないので。かといって、たぶん一般的に言われるような鬱病《うつびょう》とかでもなさそうなんですよね。時間が過ぎるのを待って。

私は、「うーん」となってしまった。

4 幸せの黒い革靴

田中ハルの「虐待サバイバー写真展」に参加したきっかけと、その後の心境の変化について尋ねてみることにした。

――虐待サバイバーの写真展は、どうやって知ったんですか?

只野　田中さんがＮＨＫの番組に出ていらっしゃって、面白そうだなって。児童虐待を受けていた方が、当時、すごく話題性が出てきてたんですけども、そのあとの、大人になったときのもの、そういった切り口のものっていうのはなかったので。

――で、田中ハルにＤＭを出した。

只野　はい。

――撮影する前に、ホームページの写真とかは見ていましたか?　どう感じました?

只野　はい、拝見させていただきました。心の中をすごく表現されてる方だなと思って。ただ美人を撮ってるような一般的な顔写真ではなくて、視線とかこう凄く、素朴なんですけど胸が打たれるというか。芸術とか全然知っているわけじゃないですけれども、本当に心の中に入ってくる写真でした。

――実際、撮ってもらっているときはどんな気持ちでした？

「どうでしたかね？」と言った只野さんは、田中ハルを見て優しそうに笑った。田中ハルはというと、ニコニコと笑いながら、「凄く緊張なさってた。たぶん、頭の中が真っ白になってたんじゃないかな」と、柔らかく只野さんをフォローした。

――田中ハルに撮ってもらった写真を見て、どんなふうに感じましたか？

只野　こんな感じになるんだっていうのは思いました。あの、自分の感情とかを凄くこうきれいに出して。何ていうんですかね、出していただけたなって。

――写真を撮ってもらうことで、どんなことを伝えられたらと思っていましたか？

只野　そうですね、あのー、難しいですね。もう、いろいろと言いたいことはたくさんあるんですけど、それが今、言葉に出てこなくて……。何か、「過去のことじゃないんだよ」っていうのは見てくださってる方に知っていただきたいなーと。ずっと続いてることなんだよって。

言葉が出てこないっていうのは、私とは全然あれですけど、性的虐待にあった方とかがやっぱり喋れないっていう話を結構聞くんですけども、きっとこういうことなのかな。同じような感じの気持ちなのかな、ってのは感じますね。

なるほど。私は少し考えて、「では、たとえば、虐待を受けたほかの人と話をしてみようとか、そういった気持ちも?」と、尋ねてみることにした。

只野　わからないです。話してみたい気持ちは凄くあるんですけど、どうなのか。相手が私と同じような感情の方なのか。もっとこう、なんて言うんですかね。表現をすごく出す方もいると思うんですよ。なので、わからない。相手による気がします。

……なるほど。また少し考えて、こう尋ねてみることにした。

——たとえば、自分と同じような状況にある人を、自分から探そうとしたことはありますか?

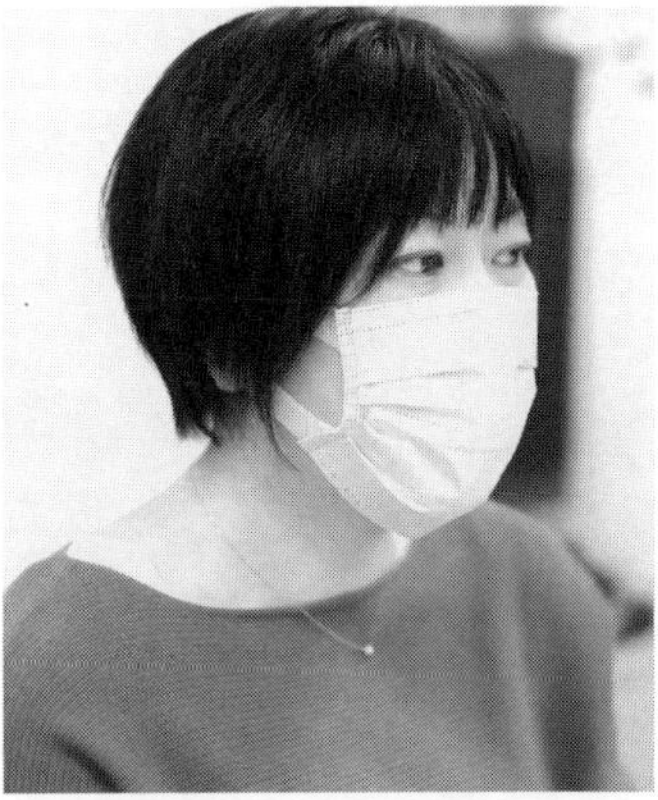

写真展について話す只野さん

只野　そうなんですよね。あの、虐待サバイバー（写真展）で集まっていた方がいたので。それが田中さんの「虐待サバイバー写真展」です。田中さんも経験をお持ちなので、ちょっとだけお話をしたことがあるんです。でも、相手となる人が自分と同じ気持ちなのかがやっぱりわからないので、それ以上の関係というか、踏みこみはできなかった。

只野さんの言葉を受けて、田中ハルが「ですね」と優しく言った。「いいと思います、はい。うん、なるほどね」という私の言葉を受けて、只野さんが話を続けた。

只野　なんか、あとはその虐待っていってもたぶん色々。ランク。ランクっていうのは、あると思うんですよ、ランク付けしちゃダメなんですけど。もしかすると、「え？　そのぐらいで？」みたいな感じで言ってしまうんじゃないかなって。自分の「あれ」も。何となく、「それすごい辛い。辛い、辛い」って言っている人がいても、「でも、それって甘えじゃないの？」みたいな感じで、何となく言ってしまうんじゃないか。
　だから、何となく虐待サバイバー同士で交流するのっていいのかな、って思うことがあります。それぞれに立場が違うので。たとえば、鬱病《うつびょう》とかでもランクがあると思うんですよね。軽い鬱病の人と重い鬱病の人って、たぶん一緒に会わせないと思うんですけど。虐待サバイバーの人たちも、集まってしまうとそこで、また何かトラブルが起きちゃうんじゃないかな。

必死に語る只野さんの姿を見て、私はどのように言葉を返すべきかと考えていた。只野さんは自分が受けてきた虐待の経験をどのように捉えているのだろうか？

――「ランク付け」ということならば。もし、苦しい気持ちになったら答える必要はないんですが、「自分が受けてきたことは、別に甘えじゃない」とは思わないのですか？

只野　そこも、ですよね。でも、きついとは思う。自分の受けてきたのはきついなあーとは思います。ただ、「甘えか」って言われると、そこもわからないですよね。何か、親がまったくいなくて頑張っている人もいると思うんですけど、自分は……頑張れなかった。

それって、わかんないです。わからない。わからないですね。それが、人によっては「甘えだよ」って言う人もいると思うし。「いや、大変だったね」って言う人もいると思うし。たぶん、同じ立場の人っていないと思う。どんな人でも、同じ立場の人っていうのはいないと思うので、難しいですよね。

只野さんに、私が感じていることをどのように伝えたら伝わるのだろうか。感情を言葉でくくってしまって、くくりきれないものはもうないものとしてしまうのではなく、感じたままを感じたままに伝えられたらどんなにいいだろう。

そう考えながら、私は言葉を慎重に選べていればいいなと思いながら、こう伝えた。

――私が只野さんの言っていることを、今、自分の言葉に落としこもうと思って聴いているんですけれども。自分というか、そのいろんなことを受けてきた人たちには、いろんな人がいると。只野さんの場合は、自分が受けてきたことに関して、自分は本当につらかったんだっていう自己評価すらもうわからない、したくない？

只野　そうですね。そこがわからなくなってきていますね、うん。

私は思わず、「それでいいと思う」と言ってしまった。

私の言葉に少し驚いたかのように、只野さんが私を見つめた。私は、「いいと思う」と繰り返した。

私には、只野さんの受けてきた痛みもつらさも苦しみも救えない。私の口をついて、どんどん言葉があふれ出てきた。只野さんに伝えるというよりも、私自身に湧いてきた悲しい気持ちをなだめるように。

ものまねをしようとしたつもりはないが、まるで『ひきこもり先生』（ＮＨＫ系列、二〇二一年、二〇二二年）を演じた佐藤二朗のような口ぶりで私は言った。

「すいません、全然、いいと思う。うん、いいと思う、全然。うん。自分が一番生きやすいようにね。スイッチは入れないっていうふうに決めて、自分のなかに、その、大事にとっておくっていうふうなことは、すごく大事なことだから。うん、私のために開く必要なんか全然ない、うん」

私の顔を見つめたまま、只野さんの目にうっすらと涙が浮かんだ。私は言葉を続けた。

「そのー、そういうメッセージが必要なんじゃないかなって思って、私も。うん」

只野さんの頬の緊張が優しくほどけていくのが分かった。私は、さらに言葉を続けた。

「うん、うん。たぶん、何かカウンセラーとかに行くと、無理やり引き出されちゃうんじゃないかなっていうのは、怖いよね。つらくなったら、時間が解決するんだよね。只野さんはそうやって、これまでもやってきたんだもんね」


その後、出版までの大まかなスケジュールと校正をお願いすることになると説明した。また、同意書にサインをしてもらうために、ボールペンを渡した。只野さんは左利きだった。サインをもらう間、私はできるだけさり気なく装い、こう質問をした。

——子どもさんは、いらっしゃる?
只野　あ、いないです。
——立ち入ったこと聞きますけど、つくらなかった?
只野　いや、できなくて。うん、はい。
——今も治療している?
只野　いや、してないです。でも、悩んでます。悩みますね。

――何か、その辺も、あちらの実家の方が強制しないんだ。
只野　いや、わからないです。強制はしていないですけど……。
――期待してるかな、っていう感じはする？
只野　はい。

只野さんが時計を見た。インタビューを終える頃合いだと判断し、「このあたりでインタビューを終えたいと思います」と言った。

「あの、お話いただいたことは、はい、すごく大事に書かせていただきます。そのことだけが、只野さんに伝わったらいいと思います」と言うと、只野さんが「わかりました」と答えた。只野さんにお礼を言い、ボイスレコーダーのスイッチを切った。


インタビューの音声記録によれば、最後に私はこう言っている。

「全然、大丈夫です」

只野さんにわざわざ「大丈夫」と言っているところからすると、きっと、インタビューを終えた直後の私にとっては、まったく大丈夫な状態ではなかったのだろう。全然、大丈夫ではない。

それは、こうして原稿を書いている今になっても感じ続けていることだ。

児童虐待について、私は知らなすぎた。知らないから、何を知るべきなのかを知りたい。

インタビューを終わらせた時間、つまりボイスレコーダーに表示された録音時間は五三分四一秒だった。これは、只野さんの話を聞くために適正な時間だったのか、それとも短かかったのか。私は、このインタビューで只野さんの話を理解できたのだろうか。私は、本当に只野さんのことが書けるのだろうか。私は、何についてこれから考えるべきなんだろうか？

とりとめもなくそんなことを考えながら、会議室の清掃をすることにした。会議室の中で動かしたものをすべて元の場所に戻し、掃除機をかけたあとの部屋全体を写した写メをオーナーに送って退室することが決められていた。

早速、田中ハルが掃除機をかけはじめた。

私もコンビニの袋を手に、ゴミを拾った。途中、どこへ行くにも連れて歩いている小鳥たちの水を替えるためにシンクを使った。改めてシンクを見て、これで大丈夫とチェックをし、ダイニングテーブルの上を除菌シートで拭いているときだった。

「あ、鳥のエサ」と、シンクから只野さんの声がした。

只野さんは、台所のシンクの細い溝にはまり込んでいた鳥のエサの粒を器用に手で拾い、私が持っていたゴミ袋に入れてくれた。只野さんの様子はとても明るかった。どうして、そんなに嬉しそうに只野さんは笑っているのだろうか、と思うくらいに。インタビューの間、本当に緊張していたんだ。

きっと、シンクの掃除は、只野さんにとっては戸惑いを感じることなくできる日常的な動作なのだろう。これだけきれいに掃除ができるなら、きっと旦那さんのご実家にとても可愛がられているにちがいない。今の只野さんはとても幸せに生きているんだ、と感じられた。

田中ハルと言葉を交わして明るく笑う只野さんを見ながら、私は玄関にきちんと並べられた只野さんの靴に目を落とした。

実は、待ち合わせをした駒込駅で只野さんに会ったときから、私は只野さんの靴を見ていた。これ見よがしにハイクラスなブランドではなく、ダイアナでもキタムラでもない、有名な老舗メーカーの黒い革靴。地にしっかりと足をつけ、東京のアスファルトを日々歩いてできた靴の皺《しわ》。人となりは靴を見ればわかる、というのは本当だ。只野さんの靴に人としての清潔さと、きちんと生きてきたことがわかる佇まいが宿っていた。

ああ、今の只野さんが幸せでいてくれて、本当に、本当によかった。私はそう思った。

掃除を終えて退室する前に、インタビューの録音ができているかどうかを確認したかった。只野さんに「先に退室してください」とお願いすると、彼女は幸せの黒い革靴とともに颯爽とドアの向こうに消えていった。

今は、帰る場所に幸せが待っている。そう感じさせる軽やかな足取りだった。

5 ニパーセントの水槽

インタビューを終えて田中ハルと別れたあと、駒込駅のホームから見えていた「駒込ペットショップ」に行ってみることにした。最後のインタビューが終わったのだと安心した途端、小鳥の「チッチ」と「うーちゃん」の藁巣が猛烈にクサイことに気づいたからだ。傘を差した。じっとりと汗が滲む頭と体に、夏の終わりの雨が少し冷たかった。

藁巣、今こそ新調しよう。そう意気込んで「駒込ペットショップ」のドアに手を伸ばした。店に入る前から、手入れの行き届いたいくつもの水槽が外に並んでいて、店内はというと、熱帯魚の水槽がずらりと並んでいた。熱帯魚以外の生物は、大きな茶色い亀だけだった。

ま、いっか。せっかくだから、店内を一周して出よう。こんなにきれいな水槽で気持ちよさそうに泳いでいる熱帯魚ならば、見ているだけでとても可愛い。日頃、自宅の水槽の掃除を怠けてばかりいる私だが、魚たちを見るのは大好きだ。店内の水槽を順番に見て回ることにした。

熱帯魚って、本当にたくさんの種類がいる。私は食べるほうの魚の種類なら、常識的には判別できる。一方、熱帯魚はとてもきれいだなと思うだけで、種類はまったくわからない。

「只野さん、メンサの会に入ってるんですよ」

只野さんが会議室を出たあと、そっと私に教えてくれた田中ハルの言葉をふと思い出した。

「メンサの会[2]？」

「ＩＱ一三〇以上の知能指数の人たちの、交流を目的とした会です」

田中ハルの言葉を聞いて、ああ、只野さんが自分の発達障がいについて言っていたのは、そのことだったのかと納得した。只野さんは、「全人口の上位二パーセントのＩＱの持ち主」なのか。凄いなぁ。生きにくさは、私の想像できる以上のはるか先にありそうだ。

目の前の水槽で泳ぐ熱帯魚たちを見て、ふと思った。この店で一番珍しい熱帯魚は一体どれだろう。スイスイと、その熱帯魚にとっては平凡な毎日を安心して送れる水槽ってどんなものなんだろう。お店のご主人に声をかけて、尋ねてみた。

(2)「JAPAN MENSA」〒103-0027　東京都中央区日本橋３－２－14日本橋ＫＮビル４階 JAPAN MENSA 事務局。https://mensa.jp

スイスイと泳ぐ金魚

「本当にすみません。このお店のなかで、一番珍しい種類の熱帯魚はどれですか？」

優しさをそのまま人間にしたら、きっとこんな人になるんだろうなと思う感じのご主人は、「さあー」と、とても長い時間うなりながら考えこんだあと、こう答えてくれた。

「うちはねぇ、あんまり珍しい種類のサカナは置いていないんですよねぇ」

「そうですかー、では、失礼します」と言って店を出ようとすると、ご主人は「何を飼っているんですか？」と尋ね返してきた。

我が家には、八年間生き続けてくれている赤い金魚がいる。赤虫のフリーズドライの餌を毎日美味しそうに食べていて、掃除のときに私が手を入れてもまったく怖がらずに寄ってくる。そのまま「手乗り」になってもおかしくないくらいの勢いだ。最初は小さかったので「金ちゃん」と呼んでいたが、とても大きく育ったので、今は「鯉ちゃん」と呼んでいる。

私にとっては本当にとても可愛くてご自慢の金魚なのだが、熱帯魚の専門店のご主人に言えるほどのことではないよなぁと思いつつ、「うちには、とても長生きの大きな金魚がいます」と鼻の穴を膨らませて答えた。すると、ご主人は優しくこう言った。

「金魚っていうのはですね、外の水槽で飼えるんですよね」

え？　それくらいは知っている、という顔を私がしたのだろう。ご主人が話を続けた。

「雪が降って、凍りそうなくらいに冷たい水になっても。また、逆に真夏の三五度くらいの水のなかでも生きられるのは金魚だけなんですよ。そういう意味では、金魚はとても珍しいサカナなんです。熱帯魚は、温度が変わってしまうと生きていけませんから」

そうか。そう考えてみると、温度差や環境の差が大きくても生きていけるのは、金魚と人間くらいのものなんだ。けれど、よく考えてみると、どうだろう？　同じ日本に暮らしていても、合理的な配慮が必要な人たちとそうでない人たちがいる。また、合理的な配慮が必要ないからといって、気配りができない人たちもたくさんいる。

私は田中ハルの「虐待サバイバー写真展」のモデルになった人たちに会ってきたが、誰一人として、同じ苦しみ、同じ精神的な傷つきをもっている人はいなかった。

「ランクっていうのもおかしなことなんですけれど。受けてきた虐待の程度が違えば、感じていることもまったく違うんですよね。だから、虐待サバイバー同士だからと言ったところでわからないんですよね、同じことを感じているかどうかは。受けてきた虐待での苦しみを訴えたところで、それは甘えだと言う人もいることだと思いますし」

只野さんの言葉を思い返した。あのとき、とっさにこう尋ね返していた。

「自分が受けてきたことも、甘えだと、自分で思いますか？」

只野さんはひと言、「わかりません」と答えた。

店内の水槽で、熱帯魚たちはそれぞれの泳ぎ方でスイスイと行きつ戻りつしていた。それを目で追っているうちに、ふと考えこんでしまった。

生きやすい環境って、何だろう？

☆★☆

最後に、只野菜々子さんが書いた虐待についてのブログの文章をご紹介したい。書けたけれども語れない。わからないとしか言えない。そんな只野さんに、「無理に話さなくていいんですよ」と言うことが、そのときに思いつけるかぎりの私の返答だった。それ以上、私は何を言えたのか。今も思いつけないでいる。

以下が、只野さんがブログに書いた文章である。ただ、読んでほしい、と私は思う。

「いらない子」――只野菜々子さんのブログより

私はX県の片田舎で、ある映画の最終回でも使われた景色の綺麗な町に生まれた。そして、その町で母親から凄まじい虐待を受けて育った。私はこの町を「悪魔の巣食う町」と心の中で呼んでいる。当時は気づかなかったけれど、住民たちの態度は私にとって悪魔そのものだった。同じ学区内に住んでいた祖父は元警察官で自分の娘、つまり私の母の犯罪をもみ消していた。そして、外孫である私のことが嫌いだった。

私は今になり、なぜ昔の自分は誰かに助けを求めなかったのだろう？　と不思議に思うけれど、虐待を受けることが恥と思っていたし、もし誰かに話したところで（実際は二度、助けを求めているが、助けてもらえなかった）、祖父がもみ消し、誰も助けてくれないと諦めていたのだろう。

母が亡くなったとき、私は「母の面倒をみなかった」と祖父母から縁を切られた。そして、祖父母が入院していたY市民病院や役所を含め、色々なところに「親不孝な娘」だと言いふらされた。彼らは私に対して「金銭的な援助をしてやったのに…」という、「やってやった」という話を繰り返すだけで、私に対して長年行った精神的、身体的な暴力については一切の秘密を貫いた。

そんな私のこれまでの人生を、自分の名誉にもかけ、語りたい。これを見た人の中に、今、虐待に合っている子がいれば…私のようにならないためにもSOSを発信してほしいと思う。今受けた傷は時が解決してくれるわけではなく、逆に時が経てば経つほどに深くなっていく。今も動悸が起こり、文章にするのも怖いけれど、自分の傷に向き合うためにも事実を、これから何ら着色をせず、描いていこうと思う。

※主な登場人物

私。現在三〇代であり、子どもの頃の話は今から三〇から二〇年前のこと。未だに祖父母から受けた精神的暴力と、母から受けた精神的、身体的虐待のトラウマが大きく精神的に不安定。

私の母。昔から色々な人に暴力を振るい、私にも様々な精神的、身体的虐待を繰り返す。X県内でも有名なおかしな人だった。警察沙汰にもなるが、最後には祖父が謝り、なかったことになる。本人もそれを知っており、開き直っている。

私の祖父。元地元の警察官。私のことを役立たずの娘（私の母）の子どもであり、「外孫のくせに」と忌み嫌っている。口が上手く周囲を丸め込む。

私の祖母。専業主婦。内孫に暴力を振るった私の母から産まれた私のことも嫌っている。事あるごとに、「私の内孫はあんたの母に暴力を振るわれて病院で検査を受けた。可哀想」と繰り返す。

私のおば。母の姉。私の母や私のことが大嫌い。母が亡くなった際には、祖父母に嘘をつき、私を祖父母から絶縁させることに成功。

その他。祖父母の内孫、私と同じ歳の男性と三つ上の女性。おばの夫、祖父母の婿養子

※追記※

千葉県野田市の児童虐待について思うこと

私はこの投稿でも書いているように周囲に相談することができませんでした。今回亡くなった女の子は、きちんと自分の被害を周囲に相談していたと報道されています。まだ一〇歳にも

満たないのに、きちんと被害を周囲に話せた彼女はすごいと思います。だからこそSOSを発信できていた彼女が殺されたことに怒りを感じます。私はたまたま虐待で死なずに大人になれただけです。もし私が母に殺されていたとしても、事件は揉み消され、ニュースにもならなかったと思います。

日本を含めアジアでは、子どもは親の所有物という考えが濃く残っています。この考えを根絶しないことには虐待はなくならないと思います。

いらない子　1　幼児の頃

母と父は同じ県内とは言え、かなり離れた地域に住んでいた。それでも母は有名人で、「あの人とは結婚しないほうがいい」と言われていたそうである。

母は母の姉が結婚し、家を継いだため、実家にいられなくなり結婚した。

最初は私を妊娠し喜んでいたようである。が、暴飲暴食で妊娠中毒症になってからは、母体を苦しめる胎児に怒り、怒りのあまりに自分の「腹を殴ったり、腹筋を繰り返し、出来るだけ胎児が苦しむように過ごしていた」と、物心ついてから聞かされた。

本当であれば、ここで流産か死産であれば、私はこの世に生を受けることもなく、これだけ苦しむこともなかったと思う。しかし私は不運にも産まれてしまった。

産まれた瞬間から私の苦しみが始まった。

私の最初の記憶は一歳半の時。車内で怒る母と動揺する父。その後、父は自殺を試み、車を車道に体当たりさせ、私は足を複雑骨折した。その後遺症や傷跡は深く、母から受けた虐待の跡とともに私の身体に刻まれている。

父も出て行き、幼稚園にも通えず、人との交流もなく、ただ母から殴られるだけの毎日。唯一話を交わす大人は母と祖父母、あとは時々母に迷惑をかけられて文句を言いに来る近所の人たち。

あとは、母が他人への暴行で警察に呼ばれた時に、警察官から事情を聞かれるだけ。たった四、五歳で、警察の個室に入り、ひとりで事情を聞かれることもあった。私に話をしてくる大人たちは警察官も含めて、みんな「あの女の娘…」と冷ややかだった。

母の気分がいいとき、祖父から巻き上げたお金でなんでも買ってもらえる。そして数日後にそれらは全て壊されて捨てられる。部屋はゴミ屋敷で、その中で食べるご飯。当時はコンビニもなく、毎日何を食べていたのかも思い出せない。動物を飼っては面倒もみられず死んでいき、その死体が何日も置き去りだったこともある。

数日に一度、私たちが住む貸家を訪ねにくる祖父母は近所に住んでいたが、「外で会っても外孫なんだから挨拶しないで」と釘をさされていた。そういう毎日を過ごし、私は小学校に入学する年齢になっていた。

いらない子　２　小学生の頃

母の意見で私は隣町の公立小学校に越境入学することになった。越境させると言いながら、ギリギリまでランドセルもなく、文房具も何もなかった。さすがに入学一カ月前に見かねた祖母がランドセルや文房具を買ってくれた。また、手続きもしてくれたようである。

新しい大きなランドセル…そして同じ歳の子ども達に会えること。私はとても楽しみにしていた。父もその時は戻ってきて、私たちと一緒に過ごしていた。

しかし、小学校入学の前日に母に言った些細な冗談で怒らせてしまい、ランドセルを潰されてボロボロにされてしまった。私はとても悲しかった。

入学式、笑顔で何枚も写真を撮る母と、ボロボロのランドセルを背負い泣き出しそうな私。それでも笑顔で写真に写らないと、母を満足させないと、そこに突っ伏したまま帰らない母を知っていたから、涙を堪え、笑顔で写真に収まった。

小学校に入っても、幼稚園で人との接し方を教わった同級生とは話も合わなかった。これまで接してきたことのある大人たちと同じような話し方しか知らず、その上、ボロボロの服を着た私を、先生も同級生たちも少しずつ避けるようになってきた。

同級生から鉛筆で手を軽く刺されたことが原因で、それを知った母はその同級生に激昂した。ある日、いきなり教室に乱入し、その子を殴った。警察に呼ばれて事情聴取を受ける母。それに同行させられる私。四、五歳の頃に感じた警察官の態度は、変わらなかった。

「あの女の娘…」

そして祖父が取りなしをし、母は無罪となって喜んでいたが、私は小学校教師からも冷ややかな目で見られるようになり、転校してほしいと言われた。そして、私は地元の小学校に転入した。

祖父からは「お前の母を無罪にしてやったんだから、感謝しろ」と何度も言われた。（この言葉は今後も何度も言われる。）

新しい小学校でも同じような状況ではあったが、母のそのような姿をみて、「もう二度と言うまい」と誰にもいじめのことは言わなかった。家では風呂にも入れず、眠らせてももらえず、母から何度も同じ話を聞かされ、ペンでチェックをつけられて、例えば「はい」を一〇〇回言わないと話をやめてくれない。もし途中で泣いたり、気にくわないイントネーションだと一からやり直し、これが二四時間続くこともある。そして暴力がはじまり、真冬に真水をかけられ、外に追い出される。

ランドセルも返してもらえず、傷だらけで学校に行くと、同級生から「エイズ患者がきた！」（当時、エイズが問題となっており、エイズ患者は全身に傷ができると教育されていた）と逃げられ、先生もそれに同調して笑う。

私は学校に行かなくなった。そしてまた、幼少の頃と同じような誰とも交流がもてない毎日がはじまった。

私は九歳になって、動物を助けたいと思うようになり、どういう状況でも学校にもう一度行きたいと思うようになった。その時は担任も変わり、小学校に通うことになった。

小学校の授業は難しくなく、通い始めて数ヶ月で満点を取れるようになった。（逆にこの人たちは三年間何を学んでいたのだろう？と思う）しかし、相変わらずのいじめ、母の暴力も日に日に強くなり、私は改めて学校に行かなくなってしまった。

小学生のときの記憶は、母からの虐待、いじめ、子どもたちに同意する教師たち、あとは綺麗な自然という記憶しかない。

このような状況で私は中学生の年齢になっていた。

いらない子　３　中学の頃

（ここでは、文章が「です」「ます」調になっています。文尾を整えず転載します。ブログの文章を読む限りの推測ですが、只野さんがとても深く傷ついたままの体験を書いているときには、「です」「ます」調になっているようです：筆者補記）


小学校はトータルで一年通ったかどうか。

私は中学に通う年齢になっていました。私の通っていた学区は当時、Ｘ市の最南に位置していたため、小学校も中学校も一つしかなく、メンバーも変わりません。中学の制服もギリギリになり、祖父母が用意してくれました。

しかし、この頃になり、母の病状はますます悪化しました。私の全身の傷がなくなることはなく、毎日のように殴られたり、水を掛けられたりしました。また「親不孝なお前のせいで、猫たちはこんな目にあうんだ！」と叫び声をあげ、飼っていた猫たちを壁に投げつけるところを見せられたりしました。やめさせようとしても、身体を左右に震わせ、意味不明な言葉を発するだけで、止めさせることはできませんでした。

自宅で勉強をしようとすると、机に座っていること、鉛筆を持っていることが気にくわないと、いきなり包丁を振り回しながら、髪の毛を掴まれたりします。深夜に家にいることが許されず、近くの駅や公園で、母が認めた時間まで過ごす日々。

明け方の五時に帰宅していいと言われ、帰っても、寝ていた母を足音で起こしたからと、その後も夕方まで帰れないこともありました。学校に行ったときも、夜に眠れないため、保健室に行き、眠るだけでした。風呂も入っておらず、傷だらけの私を見て、不快そうな顔をする保健室の先生の顔は忘れられません。祖父がこっそり渡したお金で計算して銭湯に通い、食事を買い、命を繋いでいました。（祖父からしてみれば、母の気分を損ねた外孫にお金を渡さなければならないと、祖父の神経を逆なでする要因でした）

こういう状況で、私は中学にも殆ど通えなくなりました。中学で人と話した記憶は数えるほどしかありません。楽しかった記憶はひとつもありません。辛かった記憶しかない。

祖父母や親戚はこの状況を知っていましたが、私がいることで、彼らたちに火の粉が降りからないと思っていたのでしょう。今になって思えば、私は死んでもいい、使い捨ての防波堤だったのだと思います。

祖父母はいつも「母はお前のことを愛している。お前も母に一番近い存在で、母の面倒をみなければならない。お前の母のせいで私の娘（おば）や内孫、私たちが迷惑をしている」と言っていました。

そして、母親の暴力があまりにひどく、一度Y市の児童相談所に相談に行ったことがありました。しかし、祖父が仲裁にはいり、その後、児童相談所からは連絡もなく、私は祖父から実母のことを相談した親不孝な対応を責められ、叱られ。母からは血が出て倒れこむまで殴られ、「二度と相談するな、相談するのであれば捨てる」と言われ、その後は相談することはなくなりました。

※高校の頃には、母からハンマーで殴られ、救急車でY市内の市民病院に運ばれ、病院で事情を話しました。しかし、祖父が病院と話し、その場で母のいる自宅に帰らされました。（その後、母はある事件を起こし、祖父がまた揉み消しを行います。こちらは高校編で書きます）

母は私が帰宅後は機嫌が悪く、縫ったあとの頭をまた殴られたりしました。その後は救急車に乗せられる私の姿を思い出しながら笑いだし、「母に殴られ救急車に乗せられる娘」の姿を何度も演技させられました。

まだ書かなければならないこともたくさんありますが、思い出すと辛く、ひとまず次回は高校編から書いていこうと思っています。中学編はいつか続編を書きたいと思います。

いらない子　4　高校の頃

高校は受験した公立校がたまたま倍率一・〇であったため、中学には殆ど通えず内申書も足りない状態ではあったものの、合格することができた。

高校一年の頃はまだ母の虐待もあったものの、母の精神状態も以前に比べて落ち着いており、友人もできたことから通学できるようになった。もちろん母の精神状態が落ち着いたのはうわべだけで、時々爆発的な怒りと妄想で手がつけられないこともあった。

高校一年の冬、私はそんな母にいきなり髪の毛を掴まれ、金槌で何度も殴られた。血が止まらなくなり、救急車でY市の市民病院に搬送された。前回の中学編でも書いたが、祖父が病院に駆けつけ、私は母から受けた被害を担当医に説明したものの、祖父の話を信じた医師により、私は興奮した母の待つ自宅にそのまま帰された。

祖父からは、生みの親のことを悪く言わないように叱責された。もし私が警察に通報したとしても、「知り合いの警察官に話をして、事件にはならないようにするから」と言われた。

母と二人きりになってからは、傷口をまた母から殴られた。そして、翌朝になり、救急車で運ばれた私の姿を思い出して喜んでいる母に、何度も救急車に搬送された時の姿を再現させられた。

警察にも病院にも相談できないと、児童相談所を頼ったものの、また祖父が介入し、祖父がなんとかすると話したようで取り合ってもらえなかった。私は自分の受けた被害を、誰にも相談出来なくなった。

その後、数ヶ月して母は生活保護の申請のため、Y市役所に訪れた際、なぜか包丁を持参して振り回したそうで、その場で逮捕された。祖父からは「お前たち家族のために新聞に掛け合って、実名が掲載されないように、記事も小さくなるようにしてやった。知り合いの警察官にも相談して病院に行くことを条件に刑事事件にならないようにした。感謝しなさい」と、『Y市役所に包丁を持った女性が逮捕された』という小さい新聞の切り抜きを見せ、そう言われた。

私は限界だった。私は初めて祖父に、「それは私のためではなく、おじいちゃんの面目を保つためでしょ？　新聞社や警察に話をして事件をもみ消すのは違うと思う。母は反省しない」と伝えた。それでも祖父は「親不孝に育って」と言うだけだった。

警察には病院に入院することを条件に刑事事件にならないようにしたと言いながら、祖父は頃合いをみて母をすぐに退院させた。そのときの母の病名は統合失調症だった。

排泄も自分でできず、いきなり大声をだし、包丁を振り回して泣き叫ぶ母。一五歳の私には限界だった。もう一度、母を病院に戻すように懇願したところ、病院や知り合いなどに親不孝のレッテルは貼られたものの、なんとか入院してもらえることになった。

祖父は元警察官と言うだけあり、見た目や話し方など、自分をよく見せる技術に長けており、周囲は祖父の話を信じた。恐らく、こんなにひどい状態であったと、誰も思っていなかったであろう。

母がいなくなってからは自由になった。殺される心配もなくなり、母がいないとはどんなに自由で幸せなことかと、ようやく青春を味わうことができるようになった。

次回は高校卒業から大学入学まで書こうと思います。

いらない子　5　少し小休憩します

フラッシュバックなのか思い出すのが辛く、今後も少しずつ書いていきます。

まだなぜ、おばに対しても許せない気持ちがあるのか…書けていません。おばは、「遺産をやるから、住所を教えろ」と私から住所を聞き出し（もちろん信じていませんでした）、勝手に私の住所を他人に教えたり、祖父母に嘘を吹き込み絶縁させたり、その上で私のことを悪く役所や病院などに言いふらしたりと、この人には散々な目にあわされました。

結局、この人は祖父の遺産を独り占めしたかったようで、未だに旦那さんと一緒に祖父から譲り受けた家に住み続けています。

それまでの祖父母のお金の使い方や家の大きさなどから推測すれば、遺産は何億円とあったと思われ。交番勤務の警察官であった祖父が、どうやってそれだけのお金を稼いだのか疑問ですが…。（いくらでも想像は出来ますが、事実だけを書くことをモットーにしており、想像を話すことはやめておきます）おばは金の亡者だったのだと思います。また、おばの妹である私の母が許せない＝その娘に復讐してやるという幼稚な心を持っていたとも思います。おばは現在七〇歳くらい。この歳になっても幼稚な心を持ったまま、大人になりきれない人もいるのだなと思います。

でも、彼女は私に勝ったと思います。そうやって私と祖父母を絶縁させることに成功したのですから。私はいままで、これほどまでに汚い人間は見たことがありません。

誰かを傷つけたいわけではありませんが、私が受けたことについて、いつか書けたらと思っています。

いらない子　6　自分が一番辛かったこと

精神的に沈んでいるときに、「自分が辛かったことって、なんだろう」と考えてみた。

母親からの暴力は痛かったけど、身体に傷は付いたけど心の傷にはならなかった。母親にあげた母の日のプレゼントの財布をハサミで切り刻まれたこと、これは辛かった。

私が町で偶然出会った祖父に話しかけようとして空気のように無視された、これも辛かった。

祖母から「私の内孫はお前の母親に殴られた」と責められたとき、私も虐待を受けているのになんで？　と思った。辛かった。

おばからはたった一度だけ、「あなたに遺産をあげるから住所を教えなさい！」と連絡があった。どこから私の電話番号を入手したのだろう。辛いというよりも怖かった。

母親が死に、母親の入院先から数十万円の請求がきたとき、助けを求めて祖父が入院していたY市民病院に電話を掛けたら、私からの連絡は一切拒否になっていた。とても辛かった。私は何をした？　なんと言って病院に面会謝絶と言っているの？　母親の入院先から、「あなたは祖父から散々お世話になっておいて、なんで母親の医療費すら拒否するの？」と言われて、とても罪悪感を持った。

どこに行ってもすぐ解雇されてしまった当時、私は頼るすべを祖父母しか知らなかった。家族のことを外に相談することは、親不孝、悪と思っていた。

そして、私は壊れた。これまでの辛かった出来事を書いて祖母宛に送った一通の手紙。これを、私が頭のおかしい人間のように周囲に言いふらされた。元警察官の祖父は何でも隠すのがうまい。感情だってコントロールできる。

なんで私は自分がここまで壊れていることに、蔑ろにされていることに気づかなかったんだろう。心をコントロールされていたと今ならわかる。

母親に金槌で殴られ、市民病院に運ばれた日、その時は私のことが心配でついてきてくれたと思っていた。児童相談所に相談したときも祖父はいた。

母親が市役所に包丁を持っていき、警察の逮捕をもみ消したとき、祖父は私に「感謝しろ」と言った。怒った私に祖父は、「親不孝」と言う顔をした。そういえば、母親から「私と違って、お前は誰からも愛されていない」と笑われたことがあった。

その時に気づくべきだったんだ。

祖父母の少しばかりの援助と父親が保証人になってくれたお金、そして私のアルバイト代で、私はなんとか夜間大学に行けた。きっと児童養護施設に入所していたら大学も、高校すら行けなかったかもしれない。

でも代わりに失ったものはなんだろう？

私は母親ではなく、祖父母やＸ県を許すことができない。でもこの憎しみは彼らには響かない。私の心の中だけに残っていて、私を体内から蝕んでいく。

もし祖父が元警察官でなければ、Ｘ県に生まれていなければ、母親がそういう人間だったとしても私は助かっていたのかもしれない。

今回、Ｙ市民病院にて新型コロナ感染でクラスターが発生したこと、大変だったと思います。入院されている他の患者さんや、医療関係者の方には早く元の日常に戻ってほしいと思います。記者会見での担当の方の涙も観ました。

でも、私は、きっと、あの担当者の方の何十倍、何百倍の苦しみを味わい、その度に涙が出て、感情が壊れてしまった。自分たちのためには涙を流せても、虐待を受けている子どもには冷たくあしらえるスタッフたち。私はそういう印象を受けました。

児童虐待は身体だけではなく、心に深い傷を負わせます。その傷は私のように何年経っても癒えることがありません。すでに大人になった被虐待体験者の中には声もだせず、社会に馴染めず、自ら命を落とす、もしくは人を殺める者がいます。

心の傷は自分がコントロールできるものではないのかもしれません。

でも、私は自分の命も人の命も犠牲にしたくありませんし、誰も過去の犠牲者になってはいけません。自分が蔑ろにされた命だからこそ、命の大切さや、言葉や行動で人を傷つける怖さに気づきました。自分を含め、大人になり、自分が虐待を受けていたと気づいた人たちが、過去の傷を癒し、日常を取り戻せるように祈っています。

またいつか、続きを書きます。

今は幸せに暮らしています。でも時々ふっと思い出します。その時に心の中を吐き出せる場として、使わせてください。

#X県　#不正　#児童虐待　#毒親　#悩んでいる人　#生きてほしい

終 章

虐待の内部構造

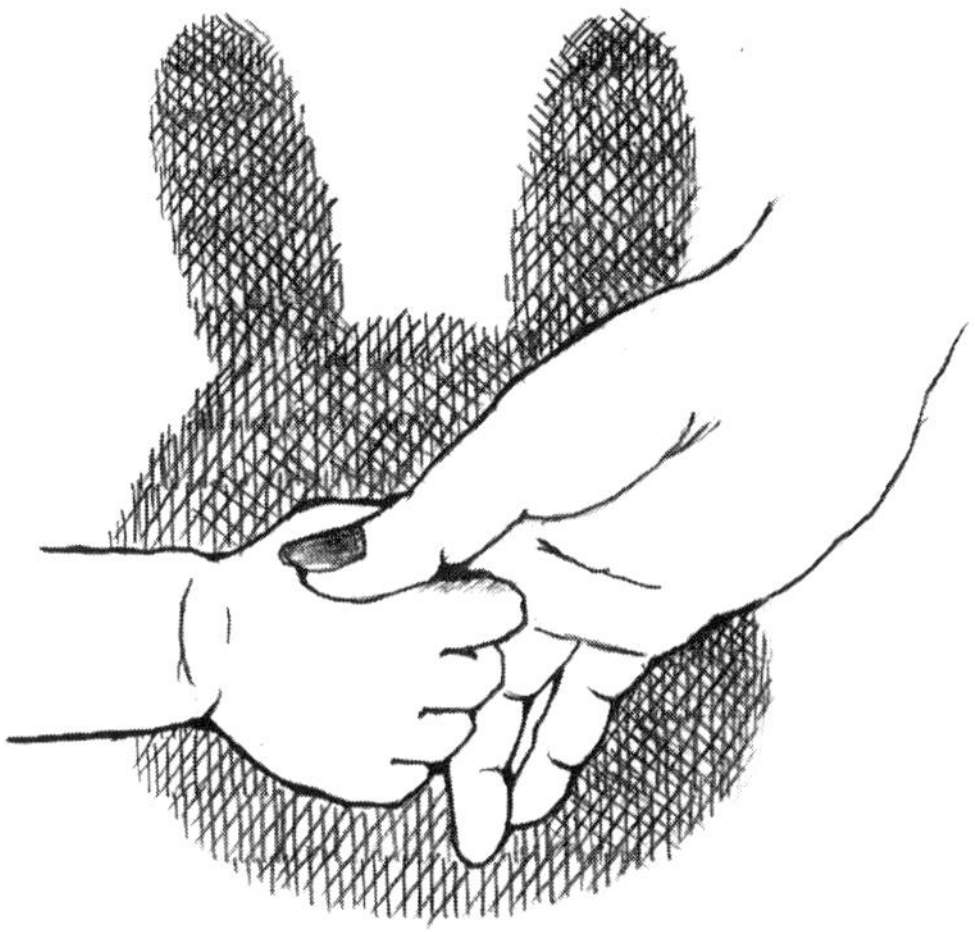

種明かしが好きである。何が何にどのように作用して、目の前の現実として生じるのか。それが気になって、そして知りたくてたまらない。

好奇心旺盛だということかもしれないし、そういうことではないのかもしれない。というのも、虐待サバイバーをテーマに文章を書くという段になって、「わからないなぁ」と感じることがたくさんあった。この「わからないなぁ」というのは、毎度のことで恐縮なのだが。

何が何にどう作用して、本書に出てきた人たちに虐待という現実が生じることになってしまったのか。その本当の原因や真実はわからない。けれども、知ろうとしたことで、私がとても「ああ、なるほど」と思い、そう思えたことで「ああ、書けるかも……」と安心できたことがいくつかある。

ここで、私が知って、納得できたそれらのことを書いておきたい。本文で書いたことの背景にあることとして、読んでいただけたらと思う。

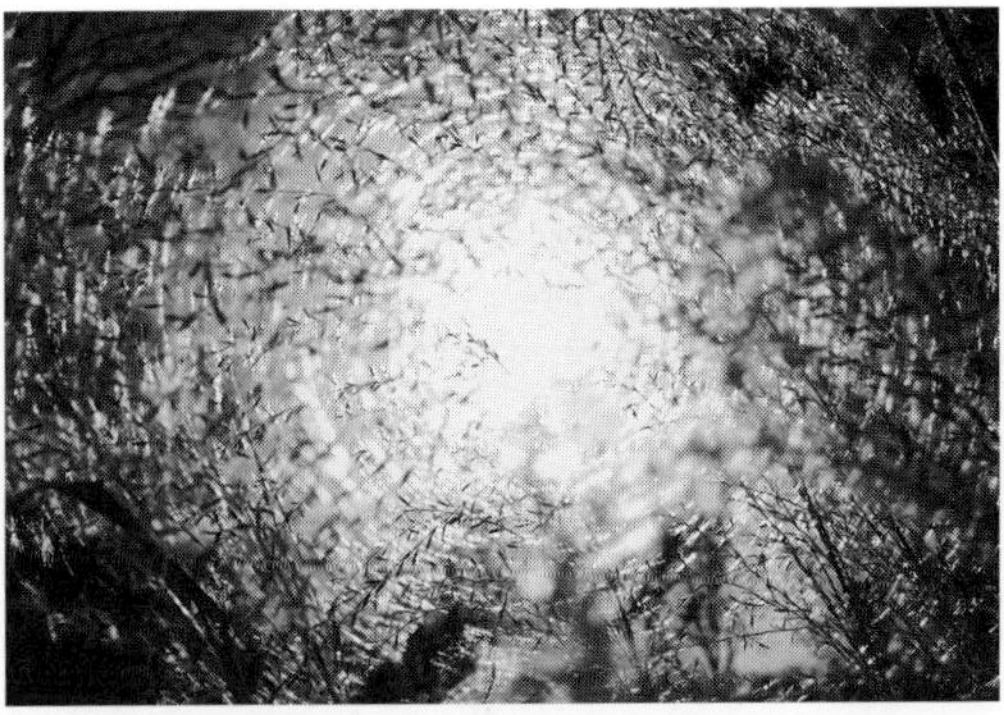

渦の中をのぞきこむように

1 虐待サバイバーの定義

二〇二二年九月一〇日、朝日新聞に「児童虐待二〇・七万件　三一年連続増」という見出しの記事が掲載された。厚生労働省が公表した全国の児童相談所が、二〇二一年度に対応した子どもへの虐待相談数が過去最多の二〇万七六五九件、三一年連続で増加しているという。

記事には、心理的虐待が最多の六〇・一パーセント（一二万四七二二件）、身体的虐待が二三・七パーセント（四万九二三八件）、ネグレクト（育児放棄）が一五・一パーセント（三万一四五二件）、性的虐待の数値は記載されていない。

相談が寄せられた経路は、「警察など」が半数近い四九・七パーセント、次いで「近隣・知人」が一三・五パーセント、「家族・親戚」が八・四パーセント、「児童本人」からの訴えが「一・二パーセントしかなかった」と記事には示されている。

そして、厚生労働省の専門委員会による二〇二〇年度に虐待を受けて死亡した子どもは全国で七七人、前年度より一人減り、減少は二〇一七年以来であった。

厚生労働省によって全国の児童相談所に寄せられた虐待通告件数の統計が取られるようになったのは、平成二（一九九〇）年度からである。初年度の虐待通告件数は約一一〇〇件であった。平成一四（二〇〇二）年度には約二万四〇〇〇件の通告があり、初年度から比べると二〇倍の通告件数があったことが示されている。

一九九〇年から二〇二一年度の数値を見れば、約一〇〇倍の増加である。今や、テレビやインターネットのニュースでは、虐待による死亡事件が報じられている。近所で親子の大声が上がれば、虐待の疑いからパトカーがすぐやって来る。

けれども、だ。児童虐待の実態とは何なのか。少なくとも、私は本書を書こうとするまで、虐待や虐待サバイバーについて何も知らなかった。

虐待サバイバーを初めて知ったのは、『ミステリと言う勿れ』（田村由美原作）である。二〇二二年一月にフジテレビ系列の「月9ドラマ」として放映され、二〇二三年秋に映画が公開される、菅田将暉さんが主演のそれである。夢中で見ていた私は、マンガも読みふけった。

虐待サバイバーのくだりは、原作の第八巻に登場する。ライカと千夜子のお話である。父親からの虐待によって解離性同一性障がいとなったという設定である。ライカに主人公の久能整が語りかけている。

「〝被害者〟じゃなくて　〝サバイバー〟だと　生き延びたんだと　思えたら　……いい」

この言葉で、私は田中ハルの「虐待サバイバー写真展」に文章をつけたい、と閃いた。

本書の「虐待サバイバー」の定義は、森田ゆり氏が著した『トラウマと共に生きる――性暴力サバイバーと夫たち＋回復の最前線』（築地書房、二〇二一年）によるものである。森田氏によれば、「虐待サバイバー」とは、一九七二年に出版された『女性という性奴隷（*Female Sexual*

Slavery)』という本でキャサリン・ベリー（Kathleen Barry）が提唱した考えである。

虐待サバイバーは、「自分の体験を語ることで、性暴力に対する社会全体の意識の改革に貢献してきた人たち」である。語りを行った「彼らの勇気に対する敬意と感謝」が、そこには含まれている、と森田氏は述べている。

本当の意味で、被害者が生きやすくなるためには、手厚い支援を行うだけでなく、ちゃんと想いや声に耳を傾けること。そして、世の中にある、被害者に対する間違った偏見や誤解を変えていくことが、大切なのだと思う。（森田前掲書、一三二ページ）

サバイバーたちは、被害のトラウマを克服するというよりは、むしろトラウマと共に生きてきた過去を慈しみ、現在、未来もトラウマとつきあいながら生きていくという新しいサバイバーの視点を語っています。トラウマは苦しみであったけれど、新しいいのちの源でもあるのです。（森田前掲書、六ページ）

田中ハルの「虐待サバイバー写真展」のなかで、虐待サバイバーたちは柔らかくほほ笑んでいる。本書で紹介した虐待サバイバーたちのなかには、田中ハルだからこそ写真に撮ってほしかった人がいる。小さくはない葛藤を胸に抱えて生きてこざるをえなかった母親の顔に似ているから、鏡のなかの自分の顔すら見なかった。しかし、田中ハルが撮った写真の自分を見て、「私は、こんなに優しく笑えるのだ」と気づけた人がいる。

だからこそ、『虐待被害者という勿れ《なか》』という本書の取材を受けたのだ、と。さらに、それは田中ハルへの恩返しを込めているのだ、と。

その言葉を聞いたとき、田中ハルのカメラの前に立った虐待サバイバーたちは、「トラウマとともに生きてきた過去を慈しみ、現在、未来もトラウマと付き合いながら生きていくという新しいサバイバーの視点」をもっている人たちなのだと私は実感した。

胸がざわついた。心が動いたから、私はていねいに、田中ハルの撮った虐待サバイバーたちの声を文章にすることにした。

2 児童虐待の原因

そんな私が、最初に虐待の原因などについて「なるほど」と思った本が、精神科医の高橋和巳が著した『子は親を救うために「心の病」になる』（ちくま文庫、二〇一四年）である。可愛い雑貨店の「親子の本のコーナー」に、やはり可愛らしく並んでいたこの本を偶然見かけて、私は手に取った。この本によれば、児童虐待の原因は大きく分けて二つあるという。

まず、親に「精神障がい」や「発達障がい」がある場合。障がいのために親が十分な子どもへのケアができない。そのために、多くの場合はネグレクト、性的虐待が起こる場合もあるという。新聞記事で取り上げられる行政の窓口や児童相談所などに寄せられる虐待の相談、通報は、こうした家庭事情が背景にあるという。

二つ目は、親に心理的なストレスがある場合。孤立した子育て世帯、虐待の世代間連鎖が見られるのは、これが原因となっているようだ。

本書では、四人の女性と一人の男性が虐待を受けてきた過去から一歩踏み出した今の姿を、田中ハルの写真と私の文章で紹介してきた。高橋氏が示す虐待の二つの原因によって本書の登場人物たちを分ければ、次のようになる。

①親の障がいが原因だと考えられるケース

平和《たいらなごみ》さん（第2章、母親が被爆者。平和さんによる母親との生活の語りと、資料から想像できる母親の心身面でのコンディションから推定した）、只野菜々子さん（第4章、母親が精神障がい者）

②親の心理的なストレスが原因だと考えられるケース

ゆき実さん（第1章、本人が聴覚障がい者）、樋口さん（第3章、児童だった本人が施設による保護を訴えた。二〇二二年の統計値では、「一・二二パーセントしかなかった」と報じられる稀少なケース）

この二つの原因をもとに、その原因があったがために起きると言われていることを整理しながら、登場人物たちの「周りにあったこと」を順に解読してみたい。

3 親の心理的なストレスが原因

本書に登場した女性たちの年齢は、三〇代から五〇代である。どのような環境で生きてきたのかと想像しようと、私は全員にそれとなく世帯収入を尋ねてみた。すると、どうやら全員とも、低所得で生活が極端に不安定ということではなかった。海外への留学経験があり、私立高校、有名な大学・大学院も卒業していた。

虐待をする親のストレスの原因が低所得にあると考えていた私は、この話を聞いてとても驚いた。というのも、虐待と社会経済的状況、育児感情の関連についての調査結果を参考にしようと、ある論文を見ていたからだ。

その論文には、年収四〇〇万円未満の世帯収入と虐待的行為との関連が顕著に高いとあった。また、児童相談所の介入事例の分析がなされており、そこには虐待加害者の子どもへの感情が書かれていた。虐待加害者は、「しつけ、教育に対することもの反応に不満を感じていた」(1)。そして、子どもに対して「大声で叱る」について、「傷つくことを繰り返し言う」が多いとあった。

所得の高さ、低さがあっても受けている虐待の内容は、論文の対象事例においても、本書の登場人物でも同じなのはなぜだろうか？　そこから、虐待の原因である「親の心理的なストレス」は何によるものなのかについて考えることに私は右往左往することになった。

虐待の原因として示される親のストレスとは、本書において表している、虐待する母親のストレスである。大声で叱り、「傷つくことを繰り返し言う」母親たちの「感情制御」について、いくつかの論文を読んでみることにした。

白梅学園大学の江上園子は論文において、母親の感情制御について、「母性愛」信奉傾向とともに調査・分析している。「母性愛」信奉傾向とは、「社会文化的通念として存在する伝統的性役割観に基づいた母親役割を信じそれに従って育児を実践する傾向」であると江上氏は説明する。「社会通念としての『母性愛』を受け入れて信じ込む傾向」が「母性愛」信奉傾向である。

江上氏は、調査の結果、母親の「怒りの自覚的制御作用において、『母性愛』信奉傾向と発達水準との交互作用効果が認められた」としている。たとえば、母親の「母性愛」信奉傾向が高く、子どもの発達水準が高い場合は、「母性愛」信奉傾向が低い群と比較して怒りによる翻弄状態は有意に低くなり、母親としての自己効用感がもっとも高くなる。きっと、「私っていいお母さん」と母親自身が思えるのだろう。

（1）田口（袴田）理恵他（二〇一四）「虐待的行為指標の妥当性の検討：母親の虐待的行為得点と社会経済的状況・育児感情の関連」『共立女子大学看護学雑誌』第1巻、五ページ。

要するに、母親の「母性愛」信奉傾向が低いと、発達水準のどの群においても全体的に怒りを制御しにくいということだ。となると、母親の「母性愛」信奉傾向が高ければ、子どもの発達水準が低くてもそれほど怒りは自覚されないことになる。かいがいしく子どもの面倒を見ることが「母親らしさ」であると考えるのが社会的な通念だからかな、と私は想像したが、どうだろうか。

この調査結果から考えると、子どもの発達水準が母親の怒りの制御不全を生じさせているわけではない。子どもに対する怒りが制御不全になるのは、母親自身の「母性愛」信奉傾向の低さ、「母性愛」という社会通念への拒否が関係していることになる。(2)

江上氏の議論に私が納得したのは、本書に登場した女性たちの発達水準にあった。前述したように、高学歴、海外留学経験、第1章のゆき実さんには聴覚障がい、第2章の平和さんには精神障がいがある。後者の二人は、ヤングケアラーだったというところに共通点があった。

二人は、母親の代わりに家事をし、一人で母親あるいは父方の祖父母の介護をした。母親が、二人を小・中学校に行かせなかった時期があった。そうした経験を考えれば、障がいは発達水準の違いをそのまま表すものではない。

子どもの発達水準は、母親の怒りを制御できなくさせるほどの原因にはならない。母親の「母性愛」信奉傾向の低さ、つまり、母親自身の「母性愛」という社会通念の拒否が子どもに対する怒りを自覚的に制御しにくくさせている。それを論理的に示したのが江上氏の論考である。

逆に、母親の「母性愛」信奉傾向の高さが子どもに対する怒りを自覚させるのは、発達水準が中程度の子どもに対してであるそうだ。私の母が、私に対してイライラと怒りを爆発させていたのは、成績が中程度なのに、私が常に努力をしなかったことにあったんだと、妙に納得した。

平和《たいらなごみ》さんやゆき実さんからだけではなく、インタビューで語られたすべての母親たちの共通点は、夫、つまり父親が常に家庭に不在であったことだ。子の養育過程で夫の死別や離婚を経験することになった母親もいるが、離婚していない家庭もある。しかし、本書に登場した虐待サバイバーたちは、父母の夫婦関係の最悪さ、母親による父親への侮蔑の言葉を始終聞かされて育った、と口々に語っていた。

そして、その彼女たちは、母親に「顔が父親に似ている」と言われた長女であった。

4 「母性愛」が当然にあるという父親の思いこみが、母親を追い詰めている

先に示した江上氏の別の論文では、「母性愛」信奉傾向が夫婦関係と子への養育態度に与える影響について、とても面白い論考を示している。養育における母親のストレスの原因が夫にある

（2）江上園子（二〇〇五）「幼児を持つ母親の『母性愛』信奉傾向と養育状況における感情制御不全」『発達心理学研究』第16巻第2号、一二二七～一二二八ページ。

ことを、江上氏は調査結果から明晰に析出《せきしゅつ》している。

江上氏の論文は、夫が不在の家庭で虐待されてきた子どもの背景を想像するために、また、「虐待される自分が悪いのだ」と自分への呪いや自責の念から虐待サバイバーを解放するために最良の書だと私は思っている。

まずは夫婦関係の悪さ、夫であり父親の不在が母親にストレスを与える原因となっていることを示す。どうやら、子ども自身が母親の感じる養育ストレスの根源ではなさそうだ。それについて確認していきたい。

江上氏は、父親と母親それぞれの「母性愛」信奉傾向と夫婦関係満足度、父母の養育態度の交互作用を見ている。江上氏の調査結果によれば、父親・母親ともに「母性愛」信奉傾向が高い場合、母親の子どもへの態度が「応答」的になるという。「応答」性とは、「子どもの意図・欲求に気づき、愛情のある言語や身体的表現を用いて、子どもの意図をできる限り充足させようとする行動」である。虐待とは正反対にある養育態度と、ここではしておく。

親になるための成長もある

逆に、父親の「母性愛」信奉傾向が高く、母親の「母性愛」信奉傾向が低ければ、母親の応答的な態度がもっとも見られなくなる。また、母親の夫婦関係満足度がもっとも低くなるのが、父親の「母性愛」信奉傾向が高い場合だという[(3)]。

母親の「母性愛」信奉傾向が低く（これは先に見たとおり、養育する母親の子どもへの感情制御がきかなくなっている状態である）、父親の「母性愛」信奉傾向だけが高い場合について、江上氏は調査結果から次のように考察している。

父親の「母性愛」信奉傾向の高さ（つまり、社会通念としての「母性愛」を受け入れ、強く信じこんでいる父親）は、母性愛信奉の高い母親にとっては子育ての動機づけを高めることになる。しかし、「母性愛」信奉傾向が、父親は高くて母親が低い場合の母親の立場から考えると、「母親役割を過度に期待する、さらに言えば押しつける父親という姿に映ると想定され[(4)]」、母親の夫婦関係満足度が低下することになる。

それに対して、父親の夫婦関係満足度は、母親の「母性愛」信奉傾向の高さや低さとは無関連である。それについて、「『母性愛』信奉傾向が母親の子どもに対する意識や子育てに関する動機づけ、女性の生き方などの信念で構成されていることから、父親にとっては家庭内のことであっ

（3）江上園子（二〇一三）「『母性愛』信奉傾向が夫婦関係と養育態度に与える影響――父親と母親の『母性愛』信奉傾向の交互作用に着目して」『教育心理学研究』第61巻第2号、一七四ページ。
（4）前掲論文、一七六ページ。

ても実際の当事者ではないという面のあらわれ」なのだろうと江上氏は示している。(5)

要するに、無責任な父親が「母親だろ」と強制していることが母親のストレスとなる。父親から母親役割を過剰に期待されていると母親が捉えれば夫婦満足度を低めるのと同じく、子どもに対する「応答性」が阻害されている可能性が想定される、と江上は示しているのである。(6)

母親は夫婦関係に不満をためながら、感情を制御できなくなっていく。実際の家事労働の分担の程度がストレスの大元になっているわけではない。母親の子どもに対する意識や子育てに関する動機づけ、女性の生き方などの信念に寄り添わない父親の「非当事者意識」が問題なのである。

こうした江上氏の議論が「面白いなぁ」と私が感じたのは、「稀に『母性』・『母性愛』がどういう帰結をもたらすかという研究があったとしても、それは社会学的な実態調査の域を出ないものや少数エピソードに基づいた臨床的なものが多い」という指摘である。私も社会学者であるのだが、「社会学的な実態調査の域を出ない」とはどういう意味をもつ指摘なのだろうかと考えながら、江上氏のこの文を読んだ。

5 虐待の後遺症

もう一つ、「わからないなぁ」と感じ、「ああ、なるほど」と理解できるまでにかなりの時間がかかったことがある。虐待の後遺症についてである。理解できたことは二つある。まずはストンと、私がすんなり理解できたことから書いていきたい。

「虐待の後遺症」については、この本をつくるにあたって聞き取りをしていた田中ハルが、「虐待サバイバーの生きづらさがあるのかもしれない」と語ってくれていた。その根底には、「見捨てられること」への強い恐怖がある。それは、「母親から愛されているという実感をもてずに育ったことに理由があるのかもしれない」とも田中ハルは言った。

虐待サバイバーの生きづらさは共通なのか、「人から嫌われる」と思うのは本当に共感できるところがあって。それはひとえに親から愛されているというメッセージをもらえなかったからなんですよね。

「自分の胸に聞いてみろ」、自分はよく、母親にそう言われていたのを思い出して泣きそうになりました。自分の胸に何度聞いてみても、結局は母親の気分のコントロールのできなさに振り回されて自尊心を奪われて。そのうえで、胸に聞いてみたってお母さんは自分のことが嫌いなんだという答えしか返ってこない。それを胸にざっくりと刻まれることになる呪いの言葉なんです。

---

(5) 前掲論文、一七五ページ。

(6) 前掲論文、一七六ページ。

臨床心理士の西澤哲氏は、虐待という体験は、他者や環境に対する子どものイメージに大きな影響を与えるとしている。「あなたが悪い子だから」というメッセージを発しながら、親は子どもを虐待する。幼い子どもは、親の虐待の原因が自分にあるものと理解し、自分が「悪い子」というイメージを固定化していく。とくに幼少期の子どもには、「悪い出来事の原因は自分にある」と考える自己中心的認知傾向がある。そのため、虐待の原因は自分にあると確信し、さらに自己イメージを悪化させていく。

「虐待に起因するこうした否定的な自己イメージは、何らかの手当てが施されない限り、成人期以降にも継続し、行動や情緒、人格の形成にさまざまな影響を与える」(7)

適切なケアをされることなく思春期の年齢まで成長すれば、「心理的な影響が人格の内部に取り込まれて人格の形成を歪めてしまい、人格障害と呼ばれる状態にいたる」(8)場合もあると西澤氏は言っている。

「なかでも、実際の、もしくは想像上の見捨てられに対する激しい反応、極端に不安定な対人関係(同一の人に対して、あるときにはすばらしく良い存在とし、またあるときにはとんでもない悪い存在とするなど、評価が非常に不安定となり、それに伴って実際の対人関係も激しく変動する)、不適切で激しい怒りや怒りの調整の欠如などを中心的な特徴とする境界性人格障害と呼ばれる状態になることが多い」(9)

とはいえ、だ。本書に登場した虐待サバイバーの女性たちの「見捨てられ」への恐怖が、スペシャルなラブストーリーをそれぞれ生み出しているような気が私にはしてくる。

恋愛し、結婚するということは、誰にとっても「普通」であるということなのだと私は思う。誰にでもできそうで、実はそうでもないという「普通」があまりにもスペシャルだから、本書の女性たちのストーリーはキラキラと輝いて見える。

第1章のゆき実さんは、ギタリストの彼と結婚したい一心で実家を飛び出した。

第3章の樋口さんは新婚さんであり、第4章の只野さんはインタビューののちに、今はもう「帰る場所」があるという幸せと、そこに優しい笑顔で向かえるという姿が私にはとても印象深かった。

順序が前後したが、第2章の平和《たいらなごみ》さんは、結婚生活が彼女の安全基地となった。その一番の防衛軍である夫のJUNにゃんは、この本になる前の原稿に目を通し、「平和さんの『障がい』ばかりクローズアップされるのはいかがなものか?」という、平和さんを守る発言をしている。

JUNにゃんの意見だけでなく、本書において書かせていただいた方々のお話を大切にできるように、私は何度も書き直した。それは、私が次のように思ったからだ。

---

(7) 西澤哲(二〇〇四)「子ども虐待がそだちにもたらすもの」『そだちの科学』第2号、一四ページ。
(8) 西澤哲(二〇〇四)一六ページ。
(9) 前掲論文一六ページ。

――そうよね。そもそも、本書の虐待サバイバーの定義は「不幸」ではなかった。本章の冒頭でも示したように、「サバイバーたちは、被害のトラウマを克服するというよりは、むしろトラウマとともに生きてきた過去を慈しみ、現在、未来もトラウマと付き合いながら生きていくという新しいサバイバーの視点」を大事にしたいと思ったのだ。

「トラウマは苦しみであったけれど、新しいいのちの源でもある」（一八七ページ参照）

虐待による生きづらさを背負っていても、「普通」に生きていることを田中ハルが写真に収めたのだから。

虐待サバイバーたちはそれぞれ、今、それぞれの「普通」を生きている。虐待されていることに気づいたら、そこから逃げていい。虐待されている現実がすべてではない。虐待されている状況から逃げるきっかけは、必ずある。逃げる方法も絶対にある。勉強に励み、進学するタイミング、結婚、仕事、自分で子どもシェルターに駆けこんでいく。

逃げられれば、あとはどうにでもなる。そのための智恵は、学べば誰にでも身につく。自分の「普通」は、虐待されている今という世界の外にある。自分の「普通」を見つけて大事にして、逃げてしまえばいい。逃げる前の今が、学び、頭を使う最大のチャンスである。

……と書いてはみたが、実際はどうなのだろうか。不思議な偶然の一致なのか、本書に登場した四人の虐待サバイバーの女性たちは父親への悪口を言わなかった。第2章のゆき実さんの父親は、逝去される前になった段階で、ゆき実さんの障がいに理解を示し、わかりあえたと語った。

父親のイメージが破壊されていなかったから、本書に登場した女性たちは恋愛も結婚もできたのだろうか。そう想像する私の父親は、散々に私自身の「結婚」というものに対するイメージを破壊したまま、家も建てずに帰天した。

それから二年が過ぎようとしている今、この原稿を書きながら思い出した父は、殿様キングスの『なみだの操』（作詞・千家和也、作曲・彩木雅夫、一九七三年）をカラオケで陽気に歌っていた。家を建てることが結婚した男の操なのかしら、と考えたからだ。

ここで言う「男の操」とは、家が建てられる経済力と、もしかすると完済までに一生かかるかもしれないローン支払いにより、家族に縛られる覚悟をあわせもつことである。そう考えたのは、本書のインタビューでのきっかけがあったからだし、愛知県には、どことなく「家を建てられてこそ、一家の主《あるじ》」と認められるという社会的なプレッシャーがあるからかもしれない。

五二歳になっても、まだ「結婚」に希望も諦めももてない私である。「男の操」などどこ吹く風と、久しぶりに思い出せた父の笑顔が明るくて、「まぁ、よかったかなぁ」と少し思った。

6　痛みへの想像力

虐待の原因は二つに分けられると、終章の冒頭で示した。親の発達障がいと心理的ストレスである。ここでは第4章の只野菜々子さんのお話を参考にして、虐待する親が発達障がいであると子どもに何が起こるのかについて整理していきたい。

虐待の後遺症について理解するのにかなりの時間がかかったと、私は先に書いた。とくにそれは、只野菜々子さんの話を聞いたあとが一番顕著であった。自分の理解と想像力の至らなさに、私はギリギリと臍《ほぞ》をかみ、頭を抱えこんだ。

当事者にはなれない。しかし、そうだからといって、思いをまったく理解できないわけでもないはずだ。なぜなら、私にも親がいるから。「毒親」と言えたんじゃないかと思える時期もあった。父が死に、私が子宮がんで死にかけて、「ごめんね。私も親になったのが初めてだったのよ。どうしていいのかわからなかったの」と母が私に謝った。

そして、「怒って、自分の正論を振りかざすことが快感だったのも事実なの」とも告白した。親が子どもに謝ること、正直に過ちを悔いること。今「母が大事だ」と私が言えるのは、この二つがあったからだ。反省もなく神さまのもとへ逃げた父への思いは、まだ複雑である。もてあます思いに思考が停止する。そのまま心に蓋をして、考えこまないようにしている。

私が想像できたのは、そこまでだった。そこから私は、只野さんの書いたブログを読みこんでいった。頼りにしたのは、「共事者」と謳う小松理虔《りけん》(10)の次の言葉だった。

――当事者の存在を肯定・尊重し、当事者同士が語る場を守りつつ、外側の人たちが自分にもあるわずかな当事者性を自覚し、課題解決にゆるっと参画できるような〝立場〟（に立つ）。（小松理虔（二〇一九）「当事者から共事者へ（1）障害と共事」https://www.genron-alpha.com/gb041_01/）

そうした「共事者」としての立場から只野さんの文章を読めば、何が見え、何が感じられるのか。そこに集中し、只野さんのブログの「言葉たち」に誠実に向きあっていくことにした。

さて、只野さんは、自らが受けてきた虐待

（10）ローカルアクティビスト。いわき市小名浜でオルタナティブスペース「UDOK.」を主宰しつつ、フリーランスの立場で地域の食や医療、福祉など、さまざまな分野の企画や情報発信に携わっている。

何が見えて、何を感じるのか

について、ブログに「書く」ことを「言葉を吐き出そう」と表現していた（一三七ページ参照）。私とのインタビューでは、ブログに自身の虐待について書けても喋れない、「口にできない」と只野さんは繰り返した。

カウンセリングにもかからず、つらくなれば時間がただ過ぎるのを待つ。そうすることで「自分で気持ちを抑えてきた」只野さんは、「言葉にすることで、コントロールできなくなることが怖い」と言った。また、「発達障がいで精神科には通っているけれど、このことでカウンセリングにはかかっていない」とも只野さんは言った。夫にも、話していないのだと言う。

インタビューでは、許された時間のなかでできうるかぎりの配慮に心を砕き、只野さんの話にじっと耳を傾けたつもりだ。そうしたうえで、只野さんから話は聴けないと思った。私は、只野さんの「話を聴かない」ことに決めた。その途端、本当に安心したように顔の筋肉の緊張が目に見えて緩み、只野さんは本当によい笑顔をした。

その後、この文章を書きながら、只野さんのブログを私は何度となく読み返した。あるとき、只野さんの記述を読んでいたときに「あれ？」と気づいた。只野さんの文章を読むととても悲しくなる理由がそこにあるように感じられた。それがわかったとき、「ああそうか、そうなのか、只野さんの語りにある悲しみの原因はこれだ」と感じた。

私が驚いたのは、只野さんの母親に対する記述であった。

「母親からの暴力は痛かったけど、身体に傷は付いたけど心の傷にはならなかった」
「母親ではなく、祖父母やX県を許すことができない。でもこの憎しみは彼らには響かない。私の心の中だけに残っていて、私を体内から蝕んでいく」

只野さんが許せないのは、「母親ではなく」祖父母やX県？　記述どおりに読めば、只野さんが許せないのは母親ではない？

　ということは、只野さんは、虐待をした母親を憎んでいないということか？

　さらに言えば、只野さんの母親がした虐待、そのもとにあった精神障がいも、只野さんは許さざるをえなかったということなのだろうか？

　しかし、怒れないというのは、とても悲しくないか？

　只野さんの母親は亡くなっている。そのときの祖父が只野さんにしたことは度し難く、その状況を何度読んでも絶対に許せないと、私のはらわたは煮えくり返ってくる。

　只野さんは、自分が生まれ育った県を「悪魔の巣食う町」と表している。只野さんの祖父は元警察官だった。母親が何か事を起こしても、祖父はそれをもみ消す力をもっていた。只野さんが児童相談所に相談しても、祖父が保護につなげなかった。こんな記述もある。

もし祖父が元警察官でなければ、X県に生まれていなければ、母親がそういう人間だったとしても私は助かっていたのかもしれない。

只野さんには、虐待から逃げる道を祖父が封じたことへの怒り、悲しみ、絶望がある。しかし、只野さんの母親については、「そういう人間だったとしても」という書き方をしている。只野さんにとっての「悪」は祖父であり、母親ではないのだ。

ブログを見るかぎり、只野さんにとっての「悪」は、二重になっているように読み取れる。まず、只野さんにとっての一つ目の悪は、「家族のことを外に相談することは、親不孝、悪と思っていた」ことである。そして、二つ目の悪は、「虐待が恥」だと思わせた張本人の祖父が、起きていることをすべてなかったことにして揉み消したことである。

救われないのは、只野さんへの虐待を知っている身内、只野さんの心を傷つけた母親も祖父母も、すでに他界していることである。癒やされない傷はいつまでも疼《うず》く。あったことは決して消えない。なかったことには決してできないのだ。それを閉じこめるためにあるはずの記憶を封じる心の扉は、いつまでも「半開き」のままだ。

被虐経験を「言葉に出す」ことは、只野さんのみならず、本書において話を聞かせてくれた虐待サバイバーたちにとってどんな心持ちだったのだろうか、と文章を書きながら何度も考えた。只野さんの言葉にあるように——そして、出逢ったすべての虐待サバイバーたちが口々に言ったように――虐待で受けた「傷は、時が解決してくれるわけではなく、逆に時が経てば経つほど深くなっていく」。

聴くことがその人に寄り添えることになっているのかと、悲しむその人の表情を前に、私は必死に自分の想像力を働かせた。

経験を言語化するとなれば、恐怖、想像を超える痛み、語ることで蘇る苦しすぎる記憶が、腹の底からぶわっと沸き立つ泡のように浮きあがってくる。そこに、日々、自己嫌悪や自分への侮蔑が爆発する。さらに「ムカつき」が増進する。生きている間、これがエンドレスに続いていくだろうと確信し、絶望し、諦めが自分を覆い尽くしていく。それでも、生きていくなかで過ごせるようになった毎日にどうしても生ずる孤立感が積み重なる。

きっと、虐待サバイバーたちの心は、すべての生皮を剥がされた上にようやくできた皮膜に覆われているようなものなんだろう。そこに触れるのは、自分ですら恐ろしいのに、他人がそれに触れるさまを見るのは恐怖を超えた先にある感情――「無」である。言葉にならないことがあったって当然である。

そんな虐待サバイバーを写す田中ハルの写真は、どれもかぎりなく優しい。写りこんだ虐待サバイバーたちの笑顔は、どれも、とてもとても柔らかい。それはきっと、写真家・田中ハルが虐待サバイバーをファインダーから覗きこむ地平が「未来」にあり、「シャッター」を切る指先に、いつも希望が込められている」からだろう。彼の写真を見るたびに私はこう思う。

「現代写真の第一人者」と呼ばれている畠山直哉という写真家は、写真の原初的な役割に、「人の記憶への奉仕」があると言った(11)。田中ハルが撮影した五人の虐待サバイバーの聞き取りを私がしたのは二〇二一年だった。田中ハルが撮影してから三年後、私の目の前で被虐経験を語った平《たいら》和《なごみ》さんは、私に向かってこう言った。

「田中ハルに写真を撮ってもらったことで、過去にできたかな」

写真に写るものは過去になり、人は未来に向かって今を生きる。そんな当たり前を、私は強く信じている。

(11) 畠山直哉(二〇二二)『話す写真　見えないものに向かって』小学館文庫、一二四ページ。

あとがき

本書の出発点は、田中ハルによる「虐待サバイバー写真展」にある。「本にしよう」と、田中ハルに声をかけたのは私である。そして、田中ハルに紹介された虐待サバイバーたちに会った。みんな、それぞれにスペシャルで、そしてとても普通だった。

田中ハルの写真に収められた人たちは、田中ハルが撮る花びらのように透明で、淡い。田中ハルに映し出された虐待サバイバーを紹介する文章を編むとき、私はとても苦労した。

それは、なぜか。田中ハルが撮った虐待サバイバーたちのこの本を、「かわいそうな」とか「変わった」人たちの百科事典、あるいはコレクションやカタログにしたくなかったからだ。けれども、実際、どうなのだろう？　本書で私が記した虐待サバイバーたちの言葉は、どのような響きをもって読者のみなさんのもとに届くのだろうか？　不安だらけの私の隣で、いつも柔らかな田中ハルがほほ笑んでいた。本書では、「田中ハル」と表記したけれど、私は「ハルちゃん」と呼んでいる。そんなハルちゃんに、まずは私の大きな感謝の気持ちを送りたい。

——ありがとう、ハルちゃん。あなたがいなければ、本書は生まれませんでした。「本になる」と喜び流したあなたの涙が、この本の種になりました。おかげさまで、素晴らしい虐待サバイバーさんたちのお話を本にすることができました。

「この本ができあがって、誰に何を伝えたいと思う?」と私が尋ねたとき、田中ハルはどこまでも親切で、優しい目をしてこう答えた。

たくさんの人に読んで欲しい。嶋守さんという人の目から見た、虐待サバイバーの生きづらさと、それでも幸せに生きているんだよっていうことを見て欲しいかな。

虐待は、人に何かしらの後遺症を残す。でも、人間関係がうまく結べなくても、孤立しないで生きていけるんだよって。自分の写真で手をつないでいるポーズで、孤独になっても孤立しないよ。必ず手をつないでくれる人がいるよ。虐待サバイバーだって、前に進めるよ、孤立しないよっていうのが、うまく伝わるといいな。

大げさかもしれないけど、自分も、生きているんだな、生きていけるんだなって。いまだに自分はダメだ、嫌われるっていう呪縛は解けないけど、それでも友だちでいてくれる人もパートナーもいるし、世の中、思ったより優しいんだなって……。

自分なりに一所懸命話したつもりですが、なかなかうまく話せないものですね。こう言う思いでインタビューに応じてくださった被写体のみなさまには感謝でいっぱいです。

田中ハルの言葉どおり、この本で虐待サバイバーさんたちが「今と虐待」について語ってくださったお気持ちとご尽力には本当に感謝してもしきれない。語るだけでも、悲しくて苦しかっただろう。そのうえ、何度も語りが文字になった原稿を読み直して、修正をしていただいた。虐待サバイバーさんたちには原稿、ゲラを目にするたびに、それぞれの心の傷がかき乱される時間をその都度過ごしていただいた。

そして、新評論の武市一幸さんには本当にお世話になった。田中ハルの写真を見て武市さんが発した「美しい」という言葉に励まされ、私はこの本の文章を紡いできたつもりである。

ご協力いただき、支えてくださったみなさま、本当にありがとうございました。

児童虐待に関する最近の新聞記事を読んでいて驚いたのは、希咲《きさらぎ》未來《みらい》さんの記事だった。「消えたい私　どうもとさんだけが受けとめた」（朝日新聞、二〇二三年四月七日付）という見出しが目に留まった。希咲さんは、一五歳のときに親の虐待から逃れるために家出をし、東京・歌舞伎町で寝泊まりをしていた。そして、一四歳のとき、「優しい声の人だなぁ」と思ったという「どうもとさん」のラジオで、自分の投稿が読まれるのを聞いた。

記事の「どうもとさん」とは堂本剛氏のことである。希咲さんの話に耳を傾けて、声を受け止めてくれたと感じられた唯一の大人が「どうもとさん」だった。そう、記事に書かれていた。

新聞を読んでいた私は、児童虐待というテーマでも映画『ファンタスティポ』[1]の主人公を演じ

（1）堂本剛、国分太一主演、薮内省吾監督、二〇〇五年、J STORM配給。

た堂本剛さんの話題に触れられることに驚いた。しかし、言葉を失ったのは、希咲さんが児童相談所に保護されてからの話だった。

毎日新聞（二〇二一年七月八日付）には次のように書かれていた。

二〇一五年秋、関東の一時保護所から、素行不良の子らが生活指導を受ける「児童自立支援施設」に移された。敷地内に寮と小中学校があるが、高校はない。入所のために通信制高校をやめさせられた。「学業を中断して生活の立て直しに専念すべきだ」と児相に判断されたことになる。納得いかない。

私が本書の第3章に書いた樋口さんは、親の虐待を児童相談所に通報されて行政的な保護を受けた。一八歳のときには、自分で「子どもの人権一一〇番」に電話をして、「社会福祉法人カリヨン子どもセンター」の保護を受けている。樋口さんは、一度保護をされた経験から、「一八歳は児童福祉の保護の対象ではないから、すぐに施設からいなくなる」ということを知っていた。そして、その後、今の樋口さんの生活につながったのである。

虐待という暴力のために寝食すら脅かされる環境からの保護は、確かにもっとも重要である。しかし、希咲さんがＳＮＳで発信するように、「社会的養護のアフターケア」にも重大な問題がある。希咲さんの「児童養護施設と里親以外はなにがあっても、『自己責任』で片付けることは当たり前なんですか？」(2)という言葉に、「社会的養護のアフターケア」のあり方における問題点が凝縮されている。

ただし、「社会的養護のアフターケア」については本書で扱うことができていない。私の今後の研究課題とすることで、お許し願いたい。

いつか希咲さんにもお会いし、虐待サバイバーたちの「今についての語り」にさらに迫っていきたい。また、「虐待サバイバー」の男性の語りにも、今後、傾聴できたらと考えている。

虐待から逃れて、今の生活を送っている「虐待サバイバー」さんたちは、私に語るなかで「虐待の後遺症」をとても強く語った。田中ハルは、「自尊心、自己肯定感が欲しいと多くのサバイバーが思っている」と言い、「両方が低いからどうせ嫌われると思って誰かと友だちになろうとしても手を引いてしまうし、引っ張ってもらわないと不安になってしまう。依存的な人間関係しか結ぶことができなくなってしまう」と強調していた。

田中ハルは、私の聞き取りの場面に同席し、写真を撮影していた。私が聞き取りをした人たちが語る「自己肯定感の低さと人間関係を構築するにあたっての困難感」は、虐待サバイバーの生きづらさであるのかもしれない、と田中ハルは言った。

---

(2)　希咲未來（二〇二〇）「どんなに〝助けて〟とつぶやいても」https://note.com/s_happiness_m/n/nfd80617b61c

虐待サバイバーの生きづらさは共通なのか、「人から嫌われる」と思うのは、本当に共感できるところがあって、それはひとえに親から愛されているというメッセージをもらえなかったからなんですよね。

「自分の胸に聞いてみろ」、自分はよく、そう言われていたのを思い出して泣きそうになりました。自分の胸に何度聞いてみても、結局は母親の気分のコントロールのできなさに振り回されて自尊心を奪われて。そのうえで、胸に聞いてみたってお母さんは自分のことが嫌いなんだと言う答えしか返ってこない。それを胸にざっくりと刻まれることになる呪いの言葉なんです。


田中ハル、そして聞き取りに協力してくれた虐待サバイバーたちが聞いて欲しいと言うならば、私はいつでも、一人ひとりを認め、愛し、語りを聞き、励まして支えるつもりでいる。痛む心に手を当てて温め、孤立させないと決めている。

語りたくないという思いには、「聴かない」ことも必要なのだということも私は教わった。そうすることしかできないことが、傷がある一人の人間への敬意であり、人としての作法であることも知った。

しかし、私が切実に願うのは傷があること——それは、命があるということ——をわかりあえる、人としての想像力をもつことである。それは「意志」である。

虐待、すべての理不尽な暴力に対して「止めよう」と声を上げる。おかしいことが「おかしい」とわかり、止める声が届く社会は「意志」でつくれると私は信じている。

私には「意志」がある。私は虐待サバイバー、痛みに苦しむ人たちのために、この『虐待被害者という勿《なか》れ』という本を書いた。ここから、ずっと声を上げ続けようと決めている。

本書の執筆をしているときに、盟友の五郎丸聖子さん[3]から砂川の梅干しをもらった。東京・立川市の砂川である。旧米軍立川基地の滑走路拡張計画から農地を守ろうと、砂川町の住民が闘った「砂川闘争」、「立川自衛隊監視テント村」といった平和運動を、そのときに五郎丸さんが教えてくれた[4]。

「砂川に植えられた梅の木の実を梅干しに毎年漬けていらっしゃる方がいるの。私も平和を守る想いを継承したくて、梅干しを毎年食

梅の花

（3）著書に、『朝鮮戦争と日本人――武蔵野と朝鮮人』（クレイン、二〇二一年）がある。

（4）東京新聞「『立川自衛隊監視テント村』50年　ヘリが飛び交う街で、活動に携わってきた人たちの思いを聞いた」二〇二二年一二月七日、https://www.tokyo-np.co.jp/article/218359

べているの。さやかちゃんに、この梅干しをもらって欲しくて」

理不尽な暴力、戦いをさせないために必要なのは、互いに手を取りあって理不尽な力の暴走をくい止めることだ。毎年、咲き続ける梅の花のように、想いを決して枯らしてはならない。私たちには「意志」がある。理不尽な暴力、虐待に苦しむ人を孤立させないという「意志」とともに、本書が理不尽な暴力、虐待に苦しんでいる人たちにどうか届きますように。

砂川の赤くて酸っぱい平和の梅干しを、口に含みつつ

嶋守さやか

参考文献一覧

・石井花梨（二〇二二）「大丈夫、ひとりぼっちじゃないんだよ――カリヨン子どもセンターの『子どもシェルター』」非行克服支援センター編『ざ・ゆーす』第23号

・上野千鶴子（二〇二三）「最後に頑張るときが来た！　男は島耕作、女は毒親　嫌われた世代の正の遺産は」『中央公論』第三七巻第四号

・江上園子（二〇〇五）「幼児を持つ母親の『母性愛』信奉傾向と養育状況における感情制御不全」『発達心理学研究』第16巻第2号

・江上園子（二〇一三）「『母性愛』信奉傾向が夫婦関係と養育態度に与える影響――父親と母親の『母性愛』信奉傾向の交互作用に着目して」『教育心理学研究』第61巻第2号

・希咲未來（二〇二三）「消えたい私　どうもとさんだけが受けとめた」朝日新聞、二〇二三年四月七日

・今一生（二〇一七）『日本一醜い親への手紙――そんな親なら捨てちゃえば？』dZERO

・嶋守さやか（二〇一五）『孤独死の看取り』新評論

・嶋守さやか（二〇二二）『私、子宮がんやめました　抗がん剤、やってどうなる？』新評論

・高橋和巳（二〇一四）『子は親を救うために「心の病」になる』ちくま文庫

・田口（袴田）理恵他（二〇一四）「虐待的行為指標の妥当性の検討：母親の虐待的行為得点と社会経済的状況・育児感情の関連」『共立女子大学看護学雑誌』第1巻

・田村由美（二〇二一）『ミステリと言う勿れ』第8巻

・西澤哲（二〇〇四）「子ども虐待がそだちにもたらすもの」『そだちの科学』第2号

・日本原水爆被害者団体協議会編（二〇二一）『被爆者からあなたに――いま伝えたいこと』岩波ブックレット1048

・畠山直哉（二〇二二）『話す写真　見えないものに向かって』小学館文庫
・水谷緑（二〇二〇）『こころのナース夜野さん』第一巻、小学館
・水谷緑（二〇二三）「当事者の話を漫画で届けるということ」『群像』第78巻第4号
・森川すいめい（二〇二一）『感じるオープンダイアローグ』講談社現代新書
・森田ゆり（二〇二一）『トラウマと共に生きる——性暴力サバイバーと夫たち＋回復の最前線』築地書房
・朝日新聞「児童虐待二〇・七万件　三一年連続増」二〇二二年九月一〇日
・東京新聞「『立川自衛隊監視テント村』50年　ヘリが飛び交う街で、活動に携わってきた人たちの思いを聞いた」二〇二二年一二月七日
・「意味解説辞典」https://meaning-dictionary.com/
・NHK大阪放送局ブログ「サバイバー撮るカメラマン」二〇一八年一二月七日
・希咲未來「どんなに〝助けて〟とつぶやいても」https://note.com/s_happiness_m/n/nfd800617b61c
・「KnotitiA.com 知るを楽しもう」https://knotitia.com
・小松理虔（二〇一九）「当事者から共事者へ（1）障害と共事」https://www.genron-alpha.com/gb041_01/
・澤田晃宏（二〇一九）「『両親へ。できるなら惨殺したい……』虐待被害者の声を集めた深刻事情」『AERA』、https://dot.asahi.com/aera/2019012500065.html?page=1
・就労継続支援B型事業所ハーモニー（二〇二二）「『私、子宮がんやめました　抗がん剤、やってどうなる?』出版イベント番組 https://www.youtube.com/watch?v=x8C7ptS1rBo
・田中ハル「虐待サバイバー写真展」https://kojikoji.themedia.jp

著者紹介

ドクターファンタスティポ★嶋守さやか

1971年、川崎市生まれ。

桜花学園大学保育学部教授、桜花学園大学大学院教授。

2002年、金城学院大学大学院文学研究科社会学専攻博士後期課程修了、社会学博士。専攻は、福祉社会学。

著書として、『せいしんしょうがいしゃの皆サマの、ステキすぎる毎日』（2006年）、『孤独死の看取り』（2015年）『寿ぐひと　原発、住民運動、死の語り』（2020年）、『私、子宮がんやめました　抗がん剤、やってどうなる？』（2022年）（ともに新評論）ほか。

本書は、映画『ファンタスティポ』から着想を得た「脱力★ファンタスティポ系社会学シリーズ」の第５巻目となる。

撮影者紹介

田中ハル

1976年生まれ。千葉県立船橋法典高等学校卒業。幼少の頃より虐待を受けて育った虐待サバイバー。20代前半より写真を独学ではじめる。2018年、Web上にて「虐待サバイバー写真展」を開始。2019年、リアルで虐待サバイバー写真展を埼玉にて開催。統合失調症、ADHDなどの障がいをもつ。

虐待被害者という勿《なか》れ

虐待サバイバーという生き方　（検印廃止）

2023年10月２日　初版第１刷発行

著　者　ドクターファンタスティポ★嶋守さやか
撮影者　田中ハル
発行者　武市一幸

発行所　株式会社 新評論

〒169-0051　東京都新宿区西早稲田３-16-28
電話　03(3202)7391
振替・00160-1-113487

落丁・乱丁はお取り替えします。
定価はカバーに表示してあります。
http://www.shinhyoron.co.jp

印　刷　フォレスト
製　本　中永製本所
イラスト　田端智美

Printed in Japan
ISBN978-4-7948-1248-3

新評論　好評既刊

ドクターファンタスティポ★嶋守さやか

孤独死の看取り

孤独死、その看取りまでの生活を支える人たちをインタビュー。山谷、釜ヶ崎…そこに暮らす人々のありのまま姿と支援の現状を紹介。

四六並製　248 頁　2200 円　ISBN978-4-7948-1003-8

ドクターファンタスティポ★嶋守さやか

しょうがいしゃの皆サマの、ステキすぎる毎日

障害をもつ人々の日常を見つめる「福祉士」の仕事を覗いてみませんか！精神保健福祉士の国家試験受験資格を取得するために「こなす」だけの実習から、なるために「考える」プロセスを解説。

四六並製　264 頁　2200 円　ISBN978-4-7948-0708-2

＊表示価格はすべて税込み価格です。

新 評 論　　好 評 既 刊

ドクターファンタスティポ★嶋守さやか

寿《ことほ》ぐひと

原発、住民運動、死の語り

生死の語りが繰り返される日々の中、対立と分断を超えて信頼・助け合い・共感の地域社会を共に築くための備忘録。

四六並製　284 頁　2640 円　ISBN978-4-7948-1161-5

嶋守さやか・廣田貴子編著

Ｓｈｅという生き方

心から暮らしを真剣に、丁寧に生きてきた「軌跡」、仕事も、夫婦生活も、子育てもそれぞれの女性における人生の「きほん」とは。

四六並製　280 頁　2420 円　ISBN978-4-7948-1051-9

＊表示価格はすべて税込み価格です。